青春期成长指南

学会度过一个积极的青春期

吴艺真 黄海珠 赖荣树 ◎ 著

中国纺织出版社有限公司

图书在版编目（CIP）数据

青春期成长指南：学会度过一个积极的青春期 / 吴艺真，黄海珠，赖荣树著. -- 北京：中国纺织出版社有限公司，2024.10. -- ISBN 978-7-5229-2149-5

Ⅰ.G782

中国国家版本馆CIP数据核字第2024W3D502号

责任编辑：李凤琴　　责任校对：高　涵　　责任印制：储志伟

中国纺织出版社有限公司出版发行
地址：北京市朝阳区百子湾东里A407号楼　邮政编码：100124
销售电话：010—67004422　传真：010—87155801
http://www.c-textilep.com
中国纺织出版社天猫旗舰店
官方微博 http://weibo.com/2119887771
北京华联印刷有限公司印刷　各地新华书店经销
2024年10月第1版第1次印刷
开本：880×1230　1/32　印张：6.5
字数：108千字　定价：56.00元

凡购本书，如有缺页、倒页、脱页，由本社图书营销中心调换

青春期的迷茫与探索

"学习为何如此枯燥?为何我们不能有更多自由?生活的意义是什么?"这些问题如同回声,在我17年的家庭教育生涯中不断响起。每周我都会进入学校给学生做心理咨询,每次帮助他们处理好内心的困惑后,我的内心却难以平静。

社会快速发展的背后,是孩子们日益沉重的心灵负担。"我们尽力了,但似乎总是无法触及孩子的内心。"家长们的无奈和反馈更是让我感到心痛。爱,本应是亲子间最温暖的纽带,为何却演变成了对抗?

作为一名亲子导师,我一直在思考,如何更有效地帮助家长和孩子。直到有一天,一位家长的玩笑话给了我灵感:"吴老师,孩子们都听您的,不如您写本书吧!"这一句话,如同晨钟暮鼓,唤醒了我内心深处的使命感。

青春期，一个听上去充满朝气与活力的词语，却是家长们心中的难题。青春期是从儿童到成人的过渡，是生理和心理的双重转变。孩子们在这一时期，既渴望独立，又未成熟，他们被称为"边缘人"，面临着身份的确定性和时代赋予的要求。这是成长的关键期，如果缺乏正确的引导，孩子们可能会因一时的冲动，改变自己的人生轨迹。

本书共 10 章，从情绪管理到生理变化，从人际交往到学习动力，从挫折教育到品德修养等，每一章都是对青春期孩子全方位的关怀。这不仅是一本青春期孩子的百科全书，也是家长与孩子共同成长的亲子读物。它让父母和孩子在阅读中感受彼此的爱与关怀，帮助青少年梳理自己的烦恼，找到解决问题的方法，成为他们成长路上的良师益友。

青春期是人生的关键阶段，是孩子从童年到成年的过渡，从幼稚到成熟、从家庭到社会的转变。本书旨在为青少年提供科学、有效的指导，帮助他们安稳度过这一时期。

愿所有青春期的孩子，都能在这本书的陪伴下，找到成长的方向，迎接属于自己的灿烂明天。

吴艺真
2024 年 8 月 26 日
于厦门

目录

第一章　情绪管理

002　如何管理好自己的情绪？
006　如何应对负面情绪，从积极的角度看待问题？
009　面对家庭问题，如何克服内心的恐惧？
012　妈妈翻看我的聊天记录，让我很伤心，怎么办？
015　如何有意识地疏导消极情绪？
018　如何摆脱忧虑情绪？

第二章　学会学习

024　学习到底是为了什么？
029　怎么找到适合自己的学习方法？
033　如何缓解考前焦虑？
036　如何提高自己的专注力？
039　为什么很努力，还是考不出好成绩？
042　作业多，如何高效利用时间？

第三章　心理成长

046　如何减少爸妈的"吼叫"？

049　自己的想法怎么才能得到父母的认可？

052　家长会前怎么缓解自己的压力？

055　如何与父母沟通玩游戏的时间？

058　如何平衡目标与现实间的差距？

061　如何增强自信心？

第四章　挫折教育

066　面对学习压力，我会坚持不下去，怎么办？

070　如何让自己在心理上经得起苦难？

073　遇到难题，如何养成独立思考的习惯？

076　如何克服比赛失败的消极态度？

079　如何培养独立自主的能力？

082　如何培养面对困难的勇气？

第五章　人际交往

086　爸妈忙工作，没有时间交流怎么办？

089　被冤枉，该如何找老师沟通？

092　为什么成绩提升了，却没有朋友了？

095　和好朋友闹矛盾，怎么解决？

097　如何向父母提自己的家庭建议？

100　爸妈不让我和"坏同学"玩，怎么办？

103　如何热情地与人打招呼?
106　如何拒绝弟弟妹妹的无理要求?

第六章　异性交往

112　和异性说话脸红,正常吗?
116　什么样的人更受异性欢迎?
118　好朋友和我喜欢同一个人怎么办?
121　为什么这么在意异性的评价?
123　被喜欢的人"背叛"怎么办?
126　正常的交往,却被认为是"早恋",怎么办?

第七章　生理变化

130　为什么脸上会长恼人的痘痘?
133　身上长毛,是不是一件很难为情的事?
136　身上的汗臭味让我很尴尬,怎么办?
139　为什么女孩会来月经?
142　为什么床单上湿漉漉的?

第八章　品德修养

146　同学说谎了,我要告诉老师吗?

149　跟父母顶嘴，是不孝吗？

152　如何培养自己的勇气？

155　同学的糗事，我可以取笑吗？

158　成绩好就代表什么都好吗？

第九章　校园霸凌

162　在学校被同学孤立怎么办？

165　同学给我起外号怎么办？

168　被同学诬陷怎么办？

171　得了奖为什么却换来同学的恐吓？

174　我没错，为什么被围攻？

177　看到同学被霸凌，我该怎么办？

第十章　安全保护

182　怎么舞好网络这把"双刃剑"？

185　我该不该相信网友的话？

188　在野外迷路了该怎么办？

191　放学路上被人跟踪怎么办？

194　日常生活中怎么预防艾滋病？

197　怎样预防传染性疾病？

第一章

情绪管理

尼采在《善恶的彼岸》中说:"如果情绪总是处于失控状态,就会被感情牵着鼻子走,丧失自由。"

如何管理好自己的情绪?

 **孩子的烦恼**

 最近,我越来越无法控制自己的情绪。天空中飘起零星小雨,我会非常烦躁,有种想把自己埋在某个地方的感觉;暖暖的午后,面对刺眼的阳光,我会突然极端悲伤起来,不知不觉流下冰凉的泪水。这太不可思议了,这种感觉让我害怕。似乎我的脾气也在暴涨,"还在学习呢?"同学这普通的问话都会让我感觉不舒服,我会很无礼地回敬一句:"管那么多干什么!"似乎什么事情都没有发生,可我从心底会生出一种莫名的烦躁,这种烦躁的感觉极速扩散,让我几乎要崩

溃。然而，我越是努力想去控制，情绪就越糟糕。我不明白为什么会变成这样！我期待快乐，期待阳光再次照耀我！

 ## 成长指南

"东边日出西边雨"不仅是对自然现象的客观描述，也是对青少年情绪特点的形象比喻。一边是积极情绪因素不断增加，逐渐成熟、愉悦、平静、稳定；一边是情绪问题不断出现，烦躁、焦虑、冷漠、厌学、自卑等。情绪给青少年的成长罩上了阴影，有的阴影会随着时间的推移自然消逝，有的却是需要成人的帮助才能顺利清除。

正处在身体发育和社会经验增长时期的青少年，情绪波动比较大，容易烦躁、生气。青春期的孩子就像一部正在磨合的汽车，没办法得心应手地管理情绪，经常会因为一点小事而耿耿于怀，经常会因为"不顺心、不如意"而怨天尤人、意志消沉。这些都是正常现象，因为青少年正处于思维和人生观大碰撞的时期，所以，学习有效地管理情绪是非常重要的。情绪的开关就掌握在自己的手上，怎么管理好自己的情绪呢？为青少年介绍 4 种方法吧！

1. 正确评价自己

每个情绪的背后都有一个未被满足的需求。有时它隐藏得很深，很难察觉，但它像一只无形的手牢牢地把握着情绪的方向，只有紧紧地抓住这只无形的手，才能化被动为主动。找到情绪背后的需求，满足需求并提升自己的能力，比如，烦躁情绪背后隐藏着没有被满足的需求。当你的能力匹配不上目标时，因压力增大就容易产生烦躁情绪。只要一边提升自己的能力，一边将目标降到适合自己能力的范围内就可以了。

2. 转移注意力

当青少年受到无法避免的情绪困扰时，尽快转移注意力，转移到能使你感到自信、愉快和充实的活动上去，比如，画画、音乐、运动等，尽量减少外界刺激和情绪的影响。

3. 保持乐观心态

每个人在生活中都会有各种体验，建议青少年多回忆积极向上、愉快的生活体验，保持乐观的心理状态。比如，考试失利，有可能你做对的题目，那些高分的同学却没有做对呢！客观冷静地找出原因才是最重要的。平常要有意识地搜集生活中快乐的片段，当负面情绪产生时，随时将其调取出来在脑海中播放。

4. 学会换位思考

有一句话说得好:"保持积极情绪的最好方法,就是多看看那些比自己更不幸的人。"悲观的人视困难为陷阱,乐观的人视困难为机遇。凡事都往好处想,就会看到希望,有希望才能增加勇气和力量。面对不良的情绪困扰,不妨换位思考,别人能做到的,自己也一定能做到。

如何应对负面情绪,从积极的角度看待问题?

 **孩子的烦恼**

前天,上语文课的时候,同桌王涛小声跟我说话,说自己忘记带文具盒了,让我今天借给他几支笔。话音刚落,老师就丢了一支粉笔过来,正好掉在我的桌子上。我被吓了一跳,还没等我反应过来,老师就让我们俩站起来,非常生气地训斥我们,说我们上课还在讲话,并且让我们抄课文5遍。真的是太冤了!王涛只是问我借笔而已,况且我一个字都没说,为什么让我抄课文?我很想为自己辩解,但是感觉老师

根本不给我讲话的机会,所以我一直忍着,直到现在我都难以释怀。

 成长指南

  老师在每一位孩子心中,都有着至高无上的地位。老师是知识的化身,象征着权威和公正。面对老师处事不公,你内心充满委屈和无助,气愤无比。但你要明白,每个人都可能遭遇不公平的对待,更重要的是认识自己的负面情绪,学会换位思考,从积极的角度看待问题。

  换位思考是人与人之间的一种心理体验过程,站在对方的立场去体验和思考问题,在情感上进行沟通,为增进了解奠定基础。立场不同、所处的环境不同,解决问题的方式也会不同。

  换位思考一下,老师这么做的原因是什么?目的是什么?当时,老师看到同桌和你说话,感觉你们不遵守课堂纪律,不尊重老师,直觉反应就是要制止你们继续说话,他的目的是让你们认真听课。当你换位思考从而了解老师的目的时,你的怒火是不是就降下来了?"躺着也中枪",被罚抄课

文内心肯定是委屈的,这时,和老师进行有效的沟通至关重要。可以在课间找老师说明情况,再正向表达自己的需求,相信老师会重新考虑处理方式的。

青春期的孩子要学会应对负面情绪,从积极的角度来看待问题。"老师这样做的目的是什么,对你有是不是一种提醒?"多问自己这样的问题,学会换位思考、有效沟通,用积极的心态去解决问题。

面对家庭问题，如何克服内心的恐惧？

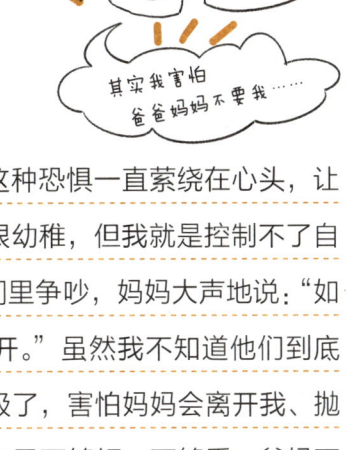

 **孩子的烦恼**

其实我害怕爸爸妈妈不要我……

我总害怕爸妈会不要我，这种恐惧一直萦绕在心头，让我无法释怀。我知道这种想法很幼稚，但我就是控制不了自己。小时候，曾听到爸妈在房间里争吵，妈妈大声地说："如果你再这样，我就带着孩子离开。"虽然我不知道他们到底在吵什么，但那一刻，我害怕极了，害怕妈妈会离开我、抛弃我。从那以后，我开始担心自己不够好、不够乖，爸妈不喜欢我。每当我有一些不好的行为或者我不听话的时候，就会担心爸妈会不要我。这种恐惧一直伴着我长大,让我很无助。我知道这种想法很不成熟,也明白爸妈对我的爱是无条件的,但是,我还是无法摆脱这种恐惧感。有时候我会想,是不是因为我太敏感了,或者是我太依赖爸妈了。

 成长指南

  恐惧是人最常见的负面情绪,不一定是惊吓到"哇哇大叫"的状态,也有可能会被压抑在潜意识里面,需要仔细体会才能感觉到自己的紧张、不安、焦虑。因为恐惧可以生出许许多多奇怪的想法和念头,比如,爸妈会不会不要我?

  每个孩子都希望家庭幸福美满,自己备受宠爱,但是一定要区分开这是事实还是你的假想。处于青春期的孩子很容易感到焦虑不安,一方面觉得自己长大成人了,一方面又不知道自己想干什么、能干什么、会成为一个什么样的人。我们的社会角色增加了,不仅要做子女,还要当学生;与同学相处,希望成为被别人接纳和喜欢的人;与成年人相处,希望得到尊重和信任,但是又害怕被抛弃,不敢敞开心扉,因而活在自己的恐惧中。德国心理学家斯普兰格曾说:"没有谁

比青少年更渴望从自己恐惧的小屋里，用憧憬的目光眺望窗外的世界，在深沉的寂寞中接触和理解外部世界。"这种恐惧感正是青少年自我意识发展的表现。

如何克服恐惧感呢？建议从以下3个方面入手。

（1）敞开自我，真诚、坦率地与人交往，主动亲近别人、关心别人。交往是一个互动的过程，敞开自我可以扩大社交面，取得融洽的人际关系，恐惧感就会自然而然消退。

（2）多找机会和爸妈聊天，告诉爸妈你内心真实的感受，正向表达你的需求，告诉他们你需要父母温暖的港湾。缩小和同龄伙伴的距离，不自卑不焦虑，不管是文化教养还是兴趣爱好，与同龄人互相沟通、互相学习。

（3）培养广泛的兴趣爱好。安排丰富有益的业余生活，将自己从恐惧中解脱出来，投入有趣的活动中去。

妈妈翻看我的聊天记录，让我很伤心，怎么办？

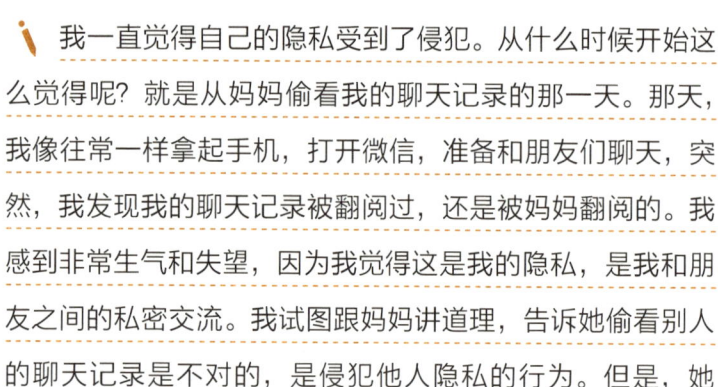

 **孩子的烦恼**

我一直觉得自己的隐私受到了侵犯。从什么时候开始这么觉得呢？就是从妈妈偷看我的聊天记录的那一天。那天，我像往常一样拿起手机，打开微信，准备和朋友们聊天，突然，我发现我的聊天记录被翻阅过，还是被妈妈翻阅的。我感到非常生气和失望，因为我觉得这是我的隐私，是我和朋友之间的私密交流。我试图跟妈妈讲道理，告诉她偷看别人的聊天记录是不对的，是侵犯他人隐私的行为。但是，她

似乎并不能理解我的想法，觉得她是为了关心我，才这样做的。

我很无语，不知道该如何跟妈妈沟通。

 成长指南

每个人都有自己的隐私权，但是父母经常因为关心孩子而偷窥他们的小秘密，给孩子造成了困扰。而孩子碍于对方是自己父母，不愿意破坏亲子之间的感情而选择隐忍。到底该怎样调节这样的关系呢？

青春期是人生中最美好的时期，在这如花的年纪，面对自己身体和心理的一些微妙变化，青少年有自己的心事，想要找个倾诉的对象，所以，和好朋友聊天是非常普遍的事情。但是，如何保护隐私对他们来说是很烦恼的事情，因为即使设置了密码还是挡不住父母想偷窥他们小秘密的欲望。因此，青春期的孩子发出了"请不要偷看我的聊天记录"的呼声。为什么父母想要偷看孩子的聊天记录呢？如果青少年告诉父母自己的心事，父母也没有必要翻看他们的聊天记录；如果父母少一些好奇心，多一些对孩子的尊重，也不会偷看

他们的聊天记录。总之，人与人亲密无间的沟通交流非常重要，这样会减少类似侵犯隐私的事情发生。

青少年可以和父母就以下几点进行沟通：

（1）每周固定时间开家庭会议，讨论一个主题，比如，对这周的新闻阐述各自的观点和受到的启发。

（2）让青少年来确定家庭会议的主题，地点灵活即可，只要氛围是融洽的、愉悦的。

（3）父母不做法官，只做倾听者。青少年需要的是父母的陪伴和引导，不是批评和指责。

（4）会议结束前找出会议中每个人的3个优点，给予肯定。多一份关怀，少一份侵犯；多一些沟通，少一些防备，让青少年的花季真正绽放。

如何有意识地疏导消极情绪?

不理解我就算了,还说我叛逆!

 **孩子的烦恼**

　　夏天来了,我去品牌店买了一件自己早就看上的白色上衣,准备和我的好朋友芳芳来一个"姐妹装"。可是我买来的衣服却引起了妈妈的强烈不满。这件衣服整个后背都是透明的薄纱,妈妈说穿上以后,内衣肩带都看得一清二楚。可是我觉得穿上小背心就没问题了。没想到,妈妈反应如此激烈,不由分说直接拿剪刀把那件衣服剪了。衣服是我用零花钱买的,她为什么剪了?她不仅不理解我,还说我现在怎么这么叛逆。从小到大,我什么都做不了主,感觉活着真没劲!

 **成长指南**

　　随着青春期的到来,孩子们越来越有自己的主见,他们把自己的想法看成非常神圣的事情,并想通过自己的努力实现它。然而,妈妈们还没有适应孩子由一个听话的小孩,突然间变成一个小大人,要做他们自己想做的事。这种情况下,妈妈当然无法真地放心让孩子去做自己想做的事情。

　　这是让很多青春期孩子苦恼的事情,妈妈竟然不相信自己!其实人们所说的理解万岁,是很有道理的。随着年龄的增长,孩子们进入青春期,身体和心理上的变化一般不会非常明确地告诉妈妈。而出于对孩子的担心,妈妈会在主观上认为孩子不听话、叛逆。孩子们,虽然你们"逆反有理",但如果长期处于逆反的消极情绪体验中,容易影响身心健康。所以,你们要有意识地疏导消极情绪。下面几条可以帮助你。

　　(1)深呼吸。先大口吸气,然后慢慢吐气,这样反复几次,可以缓解压力,想象自己不好的情绪已经随着呼吸飘散而去。

　　(2)用文字释放情绪。文字是最好的心情发泄剂,你可

以将愤懑统统发泄到文字里，那样会感觉轻松很多。

（3）向好友倾诉。每个人都要去交几个要好的朋友，那将是你一生的财富。朋友就是当你有难题时，第一个想到的人。真正的朋友绝对不会嘲笑你的幼稚，也不会讽刺你的脆弱。朋友会认真聆听你的唠叨，帮你分忧解难。有人说，向朋友诉说痛苦，每个人只有一半的痛苦；与朋友分享快乐，则会拥有双倍的快乐。

（4）运动减压。心里的愤懑无处发泄的时候，你大可丢下书本，去野外散步，或是打球、跳绳。当你满头大汗、气喘吁吁时，或许会发现自己的心情早已雨过天晴了。

（5）换位思考。不要一味地埋怨父母，换位思考一下，你会发现，其实他们是为你好。想象一下，假如你是父母，你能满足自己孩子的任何要求吗？答案是否定的。不妨试着去体会一下父母的心境，或许你就不会那样愤愤不平了。

（6）树立远大的理想。理想是人生的太阳，是进步的翅膀，是前进的阶梯。一个没有理想的人一定会碌碌无为。心里想着自己未来会成为一个对国家有用的人，那么必然不会因小事而计较，也不会因青春期的烦闷而放弃学业。

如何摆脱忧虑情绪？

 **孩子的烦恼**

以前的我很开朗，同学们都说我是个爱笑的女孩，但是最近我就像个病快快的小动物，干什么都觉得没劲儿。好朋友还以为我家里出了什么事情，都来关心我。其实最近也没发生什么事情，就是喜欢听一些苍凉沉重的音乐，难道跟这个有关吗？这种莫名其妙的多愁善感难免带给周围人压力，好希望重新做回那个开朗爱笑的自己。

成长指南

每个人的内心都有一面魔镜：正面阳光普照、春暖花开；反面阴沉愁闷、阴晴不定。用哪一面来引领你的人生之路就在于你常常拂拭哪一面。

很多孩子遇到学业退步、与朋友争吵、和家人发生冲突时，都很容易因疏离感而导致忧郁。多数忧郁的孩子，或多或少会在言语、行动上流露出来。例如，"我觉得没什么未来""生活不可能好起来了"；严重的甚至有"活着没意思""我不会再烦你了""没有我，你们会过得更好""我很希望一觉就不再醒来"。

青少年，如果持续两个星期以上，你们表现出以下5个甚至更多的症状，则需要就医或咨询心理健康专家了。

（1）心神不宁或急躁不安。

（2）躯体症状持续时间较长，对治疗毫无反应。

（3）难以集中注意力，记忆力下降，决策困难。

（4）疲劳或精神不振。

（5）持续悲伤、焦虑，或头脑空白。

（6）睡眠过多或过少。

（7）体重减轻，食欲减退。

（8）失去运动的快乐和兴趣。

（9）感到内疚、无望或者自身毫无价值。

在成功路上，最不受欢迎的就是忧虑，它是悲观的孪生姐妹。一个整天沉浸在忧虑阴影中的人，还有什么乐观、积极向上的心态去追求成功呢？

忧虑是一道无形的网，它不仅困住了你的思想，还困住了你的行动。如果你心中梦想的是成功，那么请尽快走出忧虑的低谷。

这里介绍几种帮助孩子们走出忧郁的方法。

（1）问自己：有可能发生的最糟的事情是什么？如果必须接受的话，就接受它，然后想办法改善。

（2）忧虑的人往往会变得邋里邋遢，你应反其道而行之，试着去振作起来，穿戴整洁，理个发，洗个澡，多对自己笑一笑。

（3）反复说出自己的名字，为自己打气。对自己说："这有什么了不起的！"这是一种积极有效的心理暗示术。

（4）尝试改变交往对象，结识新朋友。

（5）多做自己感兴趣的事，如跑步、唱歌、听音乐等。

（6）帮助别人，做一些公益活动，你将找回自我价值，

明白生活中有比自怨自艾更加重要的事情。

还有一些其他方法，例如，让自己忙碌起来。卡耐基说，忧虑的人一定要让自己沉浸在工作里，否则只能在绝望中挣扎。

青春期的孩子正如含苞待放的花朵，应该享受阳光的照耀，不要让忧虑蒙住了自己的眼睛，走出忧虑的沼泽地，你会收获温暖的快乐和美丽。

第二章

学会学习

因为热爱,所以坚持。
学习并不是一件轻松的事情,
但是可以因为热爱而变得其乐无穷。

学习到底是为了什么？

读书，到底有什么意义？

 **孩子的烦恼**

我是四年级的学生，期末考试快到了，学校每天都像高压锅。各科老师都说，为了让大家期末考试能考好，每天布置2张4面的卷子，"语数英"总共6张4面。回到家，刚想休息一下，妈妈又开始各种催促："快吃饭，吃完快点写作业，写完作业快点背诵。"只要我稍微慢一点，妈妈的声音分贝立马提高8倍，开始指责我："怎么这么磨蹭拖拉，学习是你自己的事，就不能主动一点吗？难道不知道考个好成绩才能考上好高中、好大学，才能找到好工作，过上好日子

吗?"唉!道理我都懂,但是我觉得妈妈说的那些离我太遥远了。我真不明白,这么枯燥又累人的学习,到底是为了什么?

 成长指南

亲爱的孩子,期末考试快到了,来自考试的压力让你感到烦躁,而妈妈的唠叨让你感到委屈和生气。你会觉得,不但自己的努力没被妈妈看见,只是因为动作稍微慢了又被妈妈批评;再加上自己想要考个好成绩来证明自己的价值,所以烦躁、委屈、生气、焦虑……各种情绪聚在一起,导致你对学习到底是为了什么而感到困惑不已。

"学习到底为了什么?"是呀!相对于其他事,学习肯定是枯燥的,爸妈传递的理念"考上好大学才有好人生"又距离你太遥远了。那么,我从另一个角度告诉你"学习是为了什么"。

学习是为了遇见更好的自己,过更自由的生活。

培根说"知识改变命运",而无数人因为努力学习,人生轨迹发生了变化,实现了自己的梦想,做着自己想做的

事。爸爸妈妈都希望自己的孩子可以从农村或小城市到北京、上海等大城市读大学、读研究生,做自己喜欢的工作,而这一切都是需要多年学习奋斗才有可能实现。如果现在不吃学习的苦,将来就得吃生活的苦。

努力学习成为更好的自己,让自己更自信,有荣誉感和有价值感。有的学生,因为英语四级考过后有了自信心,六级也考过了,最后,考上了研究生。看似简单的背后,是长期不懈地努力和付出。只有成功过一次,才有机会再次成功。

这里有个小故事:

有人问放羊娃:"你放羊是为了什么?"

放羊娃:"为了卖钱。"

"有钱之后呢?"

放羊娃:"盖房、娶媳妇、生娃……"

"孩子长大后呢?"

放羊娃:"接着放羊。"

如果不学习,也会陷入这样的死循环,不知道这个世界有多精彩;如果不学习,见识、视野、认知就会变得狭隘,就像被无知的纱蒙住了双眼,无法看到五彩缤纷的世界。

再来看看我们周边的亲戚朋友,有多少人工作是被动的,

是为了赚钱养家，完全没有能力选择自己喜欢的工作。但成年人的世界没有"容易"二字，如果我们可以自由选择喜欢的工作，顺便赚钱养家，岂不更好吗？学生时代是最快乐的，当你弄清楚学习的意义，知道自己为什么而学时，学习就会变得很有趣。

五年级的小浩和小荣，也碰到同样的问题。小浩心里委屈、生气、烦躁、焦虑，每天和爸妈对着干，用玩游戏来发泄情绪，作业越来越不想做，成绩越来越差。老师和爸妈怎么劝都没用，他觉得自己很没用。初中三年在游戏中度过，结果，没考上高中，只能上中专，毕业后可选择的工作都是重活、累活。而小荣就不一样，碰到同样的问题后，他听从了老师和爸妈的劝告，改变观念，每天强迫自己在书中找快乐、找价值，所以他考上了重点高中，接着考上了"211"大学。现在的他自主创业，企业做得有声有色。

亲爱的孩子，在成长的道路上，每个人都会碰到困难和障碍，最重要的是如何解决问题，我给你3点建议。

1. 和妈妈有效沟通

将你现在的压力和需求告诉妈妈。每个妈妈的初心都是希望孩子优秀，希望可以帮助自己的孩子，做孩子背后坚强

的靠山。所以学会和妈妈正面表达，说事实、谈感受、说需求、请回应，才是有效沟通，才能真正解决问题。

2. 明确自己的目标

把"要我学"变成"我要学"，期末考试我的目标是什么？目标是航标、是方向，有了方向才不会迷茫。但是目标不能定得太高，要让自己努力一下就能够得着。"观念转个弯，世界无限宽"，把自主权握在自己的手中。

3. 挤出时间多阅读

常言道"读书破万卷，下笔如有神"，阅读是巩固学习效果、丰富知识的有效手段，可以开阔视野、思维、想象力，提升理解能力、写作能力、交际能力和独立思考能力，以及培养气质、陶冶情操。请每天阅读30分钟，日积月累，量变引起质变，一段时间后，你的成绩会突飞猛进，也一定会收获满满的自信心和价值感。

怎么找到适合自己的学习方法？

孩子的烦恼

上周班会课，老师为了帮助大家提高学习效率，让优秀的同学上台分享了他们的学习方法。这些同学分享完之后，大家都觉得他们的方法听起来很不错。我也决定借鉴一下他们的学习方法，希望自己也能变得优秀起来。这周开始，我每天早上不到6点就起床背诵英文单词，晚上做练习。可是，白天上课的时候我一直犯困，精神萎靡不振，老师讲的知识点我也没记住。别人的学习方法好像并不适合我啊，我该怎么找到适合自己的学习方法呢?

成长指南

随着时代的变迁，知识更新的速度与日俱增，时代对我们的要求越来越高，学习方法也越来越多。适合别人的方法不一定适合自己，所以要找到适合自己的学习方法并运用它，只有这样，学习才能像顺风行舟。运用适合自己的方法学习，能提高专注力，使学习变得非常轻松，也会大幅提高学习效率。

有位英国社会学家曾调查了几十位哈佛大学毕业的著名人士，他们大多认为，学习时最重要的就是用适合自己的方法。而法国著名生理学家贝尔纳也深有感触地说："适合我的方法能使我发挥天赋与才能；而不适合我的方法则可能阻碍才能的发挥。"由此可见，用自己最喜欢的方法学习可以使自己在知识的密林中，成为手持猎枪的猎人，获得有效的进攻能力和选择猎物的余地。

如何去寻找合适自己的学习方法呢？

（1）了解自己的学习习惯。例如，有些人喜欢坐在椅子上学习，有些人则喜欢躺在床上或坐在地板上学习；有些人不喜欢墨守成规，他们喜欢在比较自由的情形下学习，需要多一些自由选择的机会，如自己决定学什么、从哪儿开始学等；而有些人则喜欢按部就班，需要老师或家长告诉他们每一步该怎么做。此外，我们还可以了解自己的学习风格，如动觉型学习风格和认知型学习风格。因此，我们可以根据自己的学习习惯和学习风格，找到最适合自己的学习方法。

（2）可以尝试不同的学习方法，从中找到最适合自己的，例如，实践学习、记忆学习、认知学习、研究学习等。

（3）了解自己的学习优势，以此来指导自己的学习方向。如果喜欢听，可以选择去听讲座或观看视频；如果喜欢阅读，可以选择阅读书籍，使用网络资源进行自学。

（4）可以多做一些尝试。尝试在不同的环境中学习，试着用不同的方法去解决问题，看看哪一种方法比较有效。比如，有些人喜欢独自阅读，有些人则在群体中会学得更好，有些人喜欢早起背诵，有些则喜欢睡前记忆。

（5）制订有效的学习计划，以达到最佳的学习效果。可以根据自己的学习习惯和学习风格，制订针对性的学习计划，确保自己能有效学习。同时，也应该对自己的学习计划进行定期监督和调整，以确保能够有效地完成学习任务。

学习是个人行为，必须采取自己最喜欢的方法。

因此，在平时的学习中，我们要善于利用自己最喜欢的方法进行学习，如果你喜欢看电影、电视，那就从影像资料中学习；你喜欢看书，那就从阅读中学习。但必须牢记一条：这种方法一定要和自己所学的课程有机地联系起来。

如何缓解考前焦虑？

要考试了，压力好大！

孩子的烦恼

我平时的成绩一直都还不错，是我们班的学习委员。但是，这学期开始，我出现了一个严重的问题：每逢考试就紧张。都说考场如战场，下周就要期末考试了，总觉得自己复习得不够充分，不足以应对考场上的"刀光剑影"。每次考试前一晚，我都紧张得睡不好，脑子里总是不断闪现白天复习的内容。如果哪段突然被卡住，就必须半夜起来看书，直到记住为止。考场上我也很紧张，考试期间我经常因为拉肚子而不得不中途去厕所。为此，我也很苦恼，知道自己这样

的状态是不正常的，可是压力大该怎么缓解呢？

成长指南

俗话说："井无压力不出油，人无压力轻飘飘。"但是，在考试中，压力过大只会妨碍考试结果。"考场如战场"本意是让学生重视考试，不是让他们形成巨大的心理压力。奇怪的是，越不把考试当回事的同学，越能考出好成绩；越是因为担心考不好而寝食难安的同学，往往考不出好成绩。这到底是什么原因呢？答案取决于你是怎么看待考试的。考试时，一定程度上，心态非常重要。你对考试感到紧张、激动，还是像平常写作业一样平静呢？

学校为什么要组织考试？当然不是为了排名次，而是为了让老师了解学生对知识的掌握情况，从而让老师及时对授课方法做出调整。如果哪项刚好是你的弱项，老师早一点发现，有针对性地帮助你解决，这不是一件好事吗？

考试不但帮你检验和巩固平时的学习情况，对心理素质也是很好的锤炼。知识点就那些，考题却千奇百怪；知识点明明都懂了，考试时就是做不对，问题就出在心理素质上，需要通过更多方式磨炼。想想四年一届的奥运盛会，比赛所比的不仅是运动员的身体素质和动作技术，更重要的是心理素质。

　　学生在学校的考试，只是人生道路上的一种简单考试，而生活中的考试要复杂得多。多元化提高自己的综合素质，才是重点要思考的问题。了解这些后，你感觉轻松点了吗？请你把考试当作查缺补漏的途径，把那些讨厌的名次从你的头脑中删除吧！那不是你最终的命运，只要你愿意，下一次可以做得更好！

如何提高自己的专注力？

孩子的烦恼

前几天，妈妈很生气地说又接到老师的电话了，还是我上课总是走神的问题。她一直在大声反复问我为什么上课不能好好听讲，可是我真的不知道为什么。上课时，外面偶尔飞来的几只小鸟，我会盯着看很久，而且，我发现同桌也会被外面的事物所吸引，只是我看得比较久。有时候我会跟同桌说话，好几次被老师叫起来罚站。我也很想认真听讲，但是我控制不了自己的脑袋。

成长指南

人的注意力大致可分为有意注意和无意注意两种。上课时，要求调动积极的有意注意，尽量延长有意注意的时间，缩短无意注意的时间。而走神就是一种无意注意。

上课走神也许是以下几个原因中的一个，或者兼而有之。

（1）晚上没睡好，所以精神不好。睡眠不足会影响人的注意力。如果前一天晚上没有好好休息，第二天上课就有可能会走神。如果是因为这个原因，你自己就要调好生物钟，按时作息，保证充足的睡眠，这样上课才有精神。

（2）课前没有好好预习。要想课堂上取得好的学习效果，莫过于带着问题听讲。那么怎样才能发现问题呢？最好的办法是课前预习。在预习的过程中，可以用不同的标记方法粗略地把容易理解的、一知半解的和完全不知所云的内容标记出来。有了一定的背景知识（那些理解的），再专心听讲那些一知半解和完全不知道的知识点，这样做，不仅心里有底，而且带着一定的问题和目标去学习，上课走神的情况就会得到根本性改善，甚至消失。这种做法也是老师最推荐的

"有意注意"加强法。

（3）控制不住自己，总是胡思乱想。上课的时候，要跟着老师的思路走。具体的做法是：老师板书的时候，认真看板书；老师讲解的时候，注意老师的眼睛。当然，这里说要跟着老师的思路走，并不是说思想也被老师牵着走，而是要养成边听讲边思考的习惯。比如，老师打算怎么解决这个问题呢？我之前的想法和老师有什么不同呢？其实做到第二点，第三点也就自然而然做到了。你一直记着从老师那里、从课堂上寻找答案，哪里还有心思走神呢！

为什么很努力，还是考不出好成绩？

我已经努力了，为什么还是考不好？

孩子的烦恼

小学时候我的成绩很好，但是上初中以后，我感觉越来越力不从心。爸爸妈妈总是鼓励我，我也很想继续保持好成绩，不让他们失望，所以我努力学习。我感觉自己真的很用心在听讲，但是有些知识点还是搞不懂，尤其是物理和化学。我知道自己应该在学习上比别人花更多的时间，于是，每天晚上除了完成学校的作业，我还会做自己买来的课外习题，经常做到晚上 11 点多。我觉得自己每天真的很努力了，成绩还是上不去，我该怎么办？

成长指南

当前,知识更新速度与日俱增,时代对学生提出越来越严格、越来越多样化的学习要求,只靠"铁杵磨成针""功到自然成"的方式,是无法适应目前的学习要求的。如今的学习不仅取决于勤奋、刻苦,更取决于学习方法。你的困惑也是很多学生的困惑。很多人每天拼命学习,把所有的时间和精力都用在课本和练习题上,但是收效甚微。相反,一些找到适合自己学习方法的同学,却能够提高学习效率,取得好成绩。

会复习很重要,而复习的中心任务是把知识组织起来,形成系统化的知识体系。只有通过系统复习,才能把知识条理化,真正"串"起来。下面有4个步骤可以帮助你。

1. 阅读

围绕复习的中心课题,以阅读课本为主。阅读前采用回忆的方法,先自己考自己,看看独立掌握知识的情况。坚持把回忆和阅读结合起来并思考,这样就会更加专心。阅读速度根据实际掌握知识的水平来决定,知识点掌握好的快速过,掌握不好的多花点时间并进行标记。

2. 整理

经过思考形成完整又系统的知识体系,用思维导图这个工具把知识点记录下来,可以使学习保持连续性,避免了简单重复。通过整理,实现知识由"繁而杂"转化成"少而精",把厚厚的一本书变成薄薄的几页笔记,把复杂的内容变成一张关系图。画图的过程也启动了思考,是不是事半功倍呢?

3. 练习

做一定数量的习题,通过做习题发现问题。做习题可以培养运用知识解决综合问题的能力。每做好一道题就停下来整理解题的思路、逻辑关系并划分题目的类型,举一反三,提高解题效率。

4. 记忆

要达到熟练的解题程度,需要按照"艾宾浩斯记忆法"反复记忆,认真练习。把对基本的概念和原理的短时记忆变成肌肉记忆,对典型的习题要求达到精益求精的地步。知识不仅要弄懂要牢记,还要用来高效地解决问题。根据不同学科的特点,对记忆也有不同的要求,即使实验学科的动手操作,也要达到熟练的程度。

作业多，如何高效利用时间？

> 太多了，根本写不完。

孩子的烦恼

我是一名初三的学生。最近经常考试，而每次考试前，我总是被一堆作业压得喘不过气来。各科老师都布置了大量的习题和复习资料，让我手忙脚乱，不知该从何下手。我经常到凌晨才勉强做完，导致第二天上课总是打瞌睡。老师已经提醒过我好几次了，但是我不敢告诉老师是因为作业太多导致晚上睡眠不够。我也问过其他同学，有的说太多了，但是他们不会像我一样做到凌晨。我问他们是怎么做到的，他们说就快速写啊，可我也没有耽误一分钟啊，一到家，除了

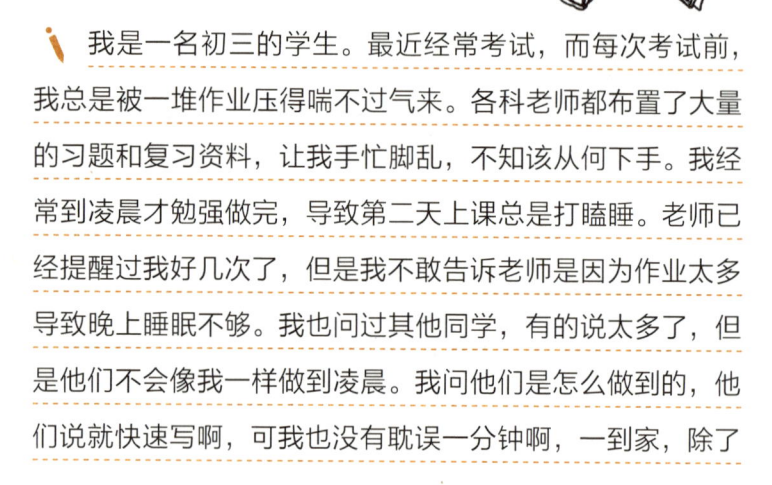

吃饭就是写作业。为什么我就要写好久呢?

成长指南

中考阶段的青少年确实有很多的考试,每次考试前的作业更多。为什么你忙得焦头烂额,有的同学却可以轻松完成呢?根本原因在于不懂合理安排时间来提高写作业的效率。善于科学安排时间的同学,不但把学习、娱乐、休息安排得井井有条,而且学习效率也很高。同样是24小时,怎样才能科学合理地安排时间呢?

(1)制订一份时间清单。清单分为周中和周末,分别制订早起清单、午间清单、放学清单、睡前清单、周末清单等。这样做的目的是让自己知道,每天有多少事情,需要用多少时间,把主动权握在自己手上,训练统筹规划的能力。选固定的时间来学习,还要留出时间来安排休息和娱乐。

(2)清单完成后,要根据自己的习惯和学科特点来安排任务。比如,有的同学习惯早睡早起,觉得早晨背知识记得牢,理解力强。那么,晚上睡觉时间就要根据《睡眠革命》

中 1.5 个小时的倍数往前推,正常要睡够 7.5 个小时。有的同学则晚上精神特别好,要把有难度的学习安排在精力旺盛的时间段。切记,要保证充足的睡眠和有效的运动!

(3)使用番茄工作法"25+5"分配好各科作业,写 25 分钟后放松 5 分钟,4 个 25 分钟后运动 30 分钟。松弛有度,劳逸结合,才可以更好地提高学习效率。

(4)利用碎片化的时间。比如,上学途中、等车间隙、饭前饭后等,时间就像海绵里的水,挤挤就有了。

(5)一天有 4 个学习的高效期,使用得当可以事半功倍,轻松自如地掌握知识。

第一个高效期是早晨起床后。经过一夜的休息,大脑神经处于活跃状态,适合记忆诸如语言、定律、事件等知识。

第二个高效期是上午 8:00~10:00。这段时间,体内肾上腺等激素分泌旺盛,精力充沛。大脑具有严谨而周密的思考能力、认知能力和处理能力,适合攻克难题。

第三个高效期是下午 6:00~8:00。这是用脑的最佳时间,利用这段时间来复习所学知识事半功倍。

第四个高效期是入睡前一个小时。利用这段时间来巩固和复习一些难以记忆的知识点,并结合艾宾浩斯记忆法,经过 21 天的时间,将短期记忆变成长期记忆。

第三章

心理成长

在成长的过程中,要不断地提升认知。

改变认知,从某种意义上说,就是要让自己及时找到问题的根源,找到自身的不足。

如何减少爸妈的"吼叫"?

孩子的烦恼

我今年上六年级,每天都要写作业到很晚,周末还要上各种补习班。妈妈说明年就要上初中了,今年很关键。我感觉不只是学习任务加重了,就连爸妈对我的态度也不一样了。妈妈开始不停地唠叨,回家晚一点,她就开始连环问:"干什么去了?跟谁玩了?"有时候,她还不相信我,非要打电话求证才行。如果发现我说谎了,她就会叫爸爸一起批评我。爸爸是退伍军人,嗓门很大,也很严厉,我真的很害怕爸爸冲我大吼大叫。我真的一点都不想早早回家。

成长指南

刚刚步入青春期的孩子正好处于小升初阶段，学习任务比较重。这个阶段，不仅是身体发育的黄金期，也是智力和知识增长的黄金期。所以家长会对孩子的各种行为加以干涉，希望孩子学业有成，将来能够在社会上独立生存。这个阶段的孩子，心理上日趋成熟，对事情有自己的想法和见解，这是孩子走向成熟的必经之路。重要的是，当他们与父母的观点发生矛盾冲突时，如何对待妈妈的唠叨和爸爸的吼叫则成了必须要面对的事情。

父母都有望子成龙、望女成凤的心态，看到孩子的"不正常"举动，他们就会大惊小怪。妈妈会不厌其烦地唠叨个不停，"一定要考上某某学校""要为自己的未来做好打算"等；爸爸可能会严厉地警告，对孩子的行为怒吼"不许玩游戏""不许逃课"等。这让青春期的孩子倍感厌烦，但是，始终和父母对着干也解决不了问题，怎么办呢？

客观对待父母的唠叨和吼叫，看到父母行为背后真正的目的是希望孩子优秀。或许，他们的方式让我们不舒服，他们的关心带给我们压力。对于他们一些过于激烈的表现，我们可以尝试和他们沟通，将自己的想法和计划告诉他们。

（1）让父母知道你并不是毫无目标和计划，你也在积极地思考自己的未来。

（2）一些因自己年纪尚小、经验不足而解决不了的问题，可以多听听父母的意见和建议，让问题得到合理有效的解决。

（3）通过交流来减轻父母的猜忌，从而减轻自己的精神压力。和父母确立共同的目标，这样才能拥有更加自由的生长环境和更为宽广的空间。

自己的想法怎么才能得到父母的认可？

这也不行！
那也不行！

孩子的烦恼

我超喜欢轮滑，自己偷偷攒钱买了一双漂亮的轮滑鞋，每天放学我都会练习一小时，为下半年的轮滑赛做准备。这件事情我并没有告诉妈妈，可她还是在打扫房间的时候发现了我那双新买的、舍不得穿的轮滑鞋。她不但没收了鞋，还不准我再去练习轮滑。我觉得自己可以安排好自己的事情，而且我并没有因此耽误学习。我喜欢干什么、怎么干都是我的自由！妈妈不应该干涉，何况我又不是干坏事！我觉得特别委屈。

成长指南

长大的过程中,每个人必然会从依赖父母走向独立和成熟,这一过程必定充斥着各种各样的误解和挑战。作为青少年的你有没有注意到:不知从何时起,自己不再是爸爸妈妈眼中的乖宝宝,开始有自己的想法,并强烈地要求将这些想法付诸实践。这些都是青春期孩子表现出来的"叛逆心理"。

我们先来分析一下青春期的"叛逆心理"。进入青春期以后,孩子的身体逐渐发育成熟,但身体上的成熟并不等同于心理上的成熟。青少年想要突显自己的独立意识,更希望有独立的空间,希望得到认可。在对自己的实际情况毫无把握的情况下,他们总想挣脱父母的束缚,寻找更宽更高的天空。在父母眼里,孩子的很多做法都是不切实际的。出于对孩子的关心,父母会出面阻止,青少年则认为这就是在剥夺他们的自由。

父母和孩子都有自己的想法,没有谁对谁错,最主要的问题是缺乏沟通。青少年要学会向父母表达自己的想法,而父母则需要先听听孩子的想法,在互相尊重的前提下解决问题。当孩子有能力为自己的所作所为负责时,就能取得父母

的信任了，而父母的担心，大都是出于关心和爱。只有学会换位思考，青少年才能看见父母行为背后的关心和爱。而心平气和地与父母沟通，正面表达自己的需求，与父母的关系融洽，才能创造出充满欢声笑语、其乐融融的家庭环境。

家长会前
怎么缓解自己的压力？

老师会不会告状呀？

孩子的烦恼

今天，班主任通知本周六开家长会，让我们务必转告家长准时参加。每次开家长会我都担惊受怕，因为我成绩不好，害怕老师在家长会上点名批评我，这会让我爸妈觉得很丢脸。前几天，我不小心将教室的玻璃打碎了，虽然我用自己积攒的零花钱赔了一块新玻璃，但是，我还是没有勇气告诉爸妈，我害怕被批评。这次家长会，老师会不会讲我的坏话？妈妈会不会发现我打碎玻璃的事情？还有两天就要开家长会了,我一直忐忑不安,根本无法专心学习。

成长指南

家长会是家长和学校双方就孩子的学习和生活状况进行交流的活动,了解孩子这段时间在哪些方面有所进步,哪些地方有待改进。经过沟通,家长和老师双方都对孩子的近况有更全面的了解,才能知道在哪些方面为孩子提供有效的帮助。

家长会一般持续两小时左右。在有限的时间内,老师不会像孩子所想的那样,当着家长的面公布成绩单。家长会上,老师会告诉家长最近在帮助孩子学习方面采取的措施,这些措施需要家长怎么配合。也可以利用这样的机会,家长之间互相交流,让更多的家长从中受益。

你是不是担心父母在老师面前说你的坏话?这样的担心是多余的,父母内心都希望看到自己孩子的成长和进步,父母都希望老师对自己的孩子有好印象。所以,在家长会上,父母只是特别想知道孩子最近表现如何,有没有朝着自己期待的方向在进步。

你是不是担心成绩没考好会被父母批评？素质教育推进到现在，很多家长已经明白，分数并不是衡量孩子优秀的唯一标准，一次考试失利并不代表自己的孩子不优秀。父母更看重的是你对学习的态度，以及你考试失利后的应对方法和经验总结。

所以，对于家长会，没有必要把自己弄得紧张兮兮的。即使这段时间成绩并不好，或是在学校犯了小错误，都可以坦诚地对父母讲出来，他们一定会体谅你，因为主动承认错误和承担责任才是他们期待看到的。

如何与父母沟通玩游戏的时间？

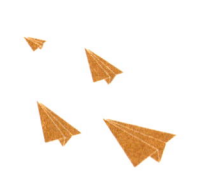

> 这个游戏太好玩了！

孩子的烦恼

我今年上初二，平常没什么爱好，就是喜欢玩游戏。我觉得玩游戏可以缓解压力，还可以在游戏中找到成就感，让我快乐。但是爸妈总是管控我玩游戏的时间，周末作业都做完了，他们还是只允许我玩一小时。可是，一小时根本就不够啊！只让我玩一小时我真的受不了。就算不玩，我的心也没有收回来，还是一直想着刚才的游戏。我觉得自己该完成的事情都完成了，爸妈就不该限制我玩游戏的时间，我现在特别受不了他们对我的管控。

成长指南

青春期的孩子，觉得不能跟父母平等地交流，觉得自己没有自由和主控权，觉得父母很不理解自己，内心很不平衡，你们会想：我已经长大了，为什么限制我玩游戏的时间！父母为什么要这么做？他们到底在担心什么？要知道，游戏的出现，让很多青少年沉溺其中无法自拔，已经危害到身心健康甚至构成犯罪。

首先，父母担心影响你的学业。如果你每天花时间在游戏上，上课会无精打采，学习效率会降低，成绩会下降。

其次，担心你的身体健康。青少年时期正是长身体的阶段，长期沉迷游戏会导致近视，姿势不当还会导致脊柱侧弯，沉迷于虚拟世界中不与人交流容易自我封闭。

最后，担心你长期接触一些不良消息，容易诱发违法犯罪行为。

对于有这种想法的父母，青少年应该学会沟通交流，给出建议，用自己的智慧和知识"拉"父母一把。主动对父母

敞开心扉，让父母走进你的心灵世界，让他们熟悉你的爱好，了解你的心理。父母了解了你的所思、所想、所行，才能拥有和你进行交流沟通的共同语言，才能形成良好的家庭氛围。以下2点可以帮助你与父母沟通交流。

（1）与父母沟通：你渴望长大、渴望成熟、渴望独立，需要父母的耐心指导和帮助。强烈的"家长意识"对你的成长并无帮助，只会激起青春期孩子的叛逆心理。青春期孩子希望父母尊重他们的人格和意志，希望父母与他们平等交流。你可以明确地告诉父母，你渴望交流和沟通，而不是训斥。

（2）与父母沟通：父母是孩子的榜样。树立一个健康、积极、乐观、坚强的父母形象，对孩子的成长会起到潜移默化的作用。当孩子情绪不稳定或因遭遇挫折而自暴自弃时，父母温暖的港湾才能让孩子的情绪走向稳定和理智。

如何平衡目标与现实间的差距？

孩子的烦恼

老师教育我们，初中阶段是非常关键的时期，不仅要树立远大的理想，也要有近期的目标。爸爸妈妈也说，要好好学习，争取考上一所好的高中，这样才能考上好的大学，找一份好工作。好工作、好生活，似乎是一个可以让我们努力学习的理由。但是，对我来说，这个理由好像又是那么站不住脚。爸爸妈妈早已为我准备好了一切，我可以毫不费力地过上衣食无忧的生活。既然如此，我好好学习干什么呢？只要我的成绩不是太差，不至于让父母太丢人就行了，我何必使出浑身力气去干一些毫无意义的事情呢？有的同学说我潇洒，想得开。他们哪里知道，其实我觉得自己很悲哀。因为我觉得自己就像一只没有梦想和目标的陀螺，不能为自己的梦想旋转，却也无法停下来。

成长指南

夏季，一队毛毛虫在树上列队前进，一条带头，其余的依次跟着。一旦带头的毛毛虫找到食物，它们就开始享受美味。对此，有人因为感兴趣而做了一个实验。将一队毛毛虫放在一个大花盆的边上，让它们首尾相接排成一个圆形。带头的那只也在队伍中，它们像一条长长的游行队伍，没有头也没有尾。观察者在队伍旁边摆了它们喜欢吃的食物，看看毛毛虫想吃食物时是否会停下来。出乎意料的是，整队毛毛虫沿着花盆边以同样的速度爬了七天七夜，直到饿死。他们饿死的原因是，带头的毛毛虫没有停下来，而其他的毛毛虫不懂得解散队伍或者停止爬行去吃食物。

毛毛虫故事给我们最深的启示，那就是没有目标的行动只能走向死亡。

生活中，许多孩子从小到大，大大小小的事情，包括日常生活、交友、学习、恋爱、人生规划等，都是完全听从父母、老师的安排，孩子很无奈。然而，杰出的青少年应该勇敢地活出真实而精彩的自己。孩子，父母为你准备好衣食无忧的生活，这只是父母应尽的义务，没有目标的生活只会剥夺你在这个社会的价值感。所以，你看到自己"只是一只没有梦想和目标的陀螺，不能为自己的梦想旋转，也无法停下来"。你能觉察到这一事实，为你喝彩。

如果想要活出精彩绽放的人生，就必须拥有独立的人格，学会对自己负责任。生活中自己的事情自己做决定，可以从以下6个方面训练自己的能力。

（1）遇到事情主动思考，有想法、有主见。

（2）有足够的自信心，坚信自己可以做得很好。

（3）提升自己的综合能力，有实力才有发言权。

（4）提升观察力，善于观察、举一反三、抓住重点。

（5）提升分辨力，学会分辨矛盾双方的强弱与均衡，做决断时具备清晰的条理。

（6）提升判断力，懂得权衡利弊，在充分掌握全局的基础上，坚持自己的决定。

如何增强自信心?

孩子的烦恼

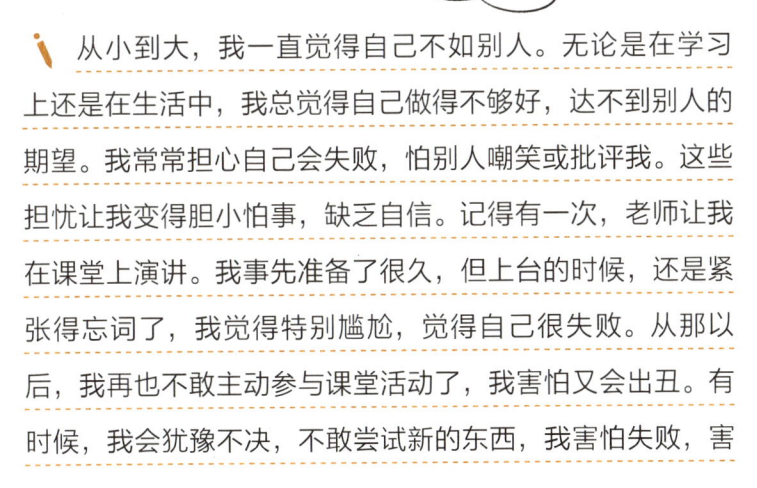

> 我好害怕上台!

从小到大,我一直觉得自己不如别人。无论是在学习上还是在生活中,我总觉得自己做得不够好,达不到别人的期望。我常常担心自己会失败,怕别人嘲笑或批评我。这些担忧让我变得胆小怕事,缺乏自信。记得有一次,老师让我在课堂上演讲。我事先准备了很久,但上台的时候,还是紧张得忘词了,我觉得特别尴尬,觉得自己很失败。从那以后,我再也不敢主动参与课堂活动了,我害怕又会出丑。有时候,我会犹豫不决,不敢尝试新的东西,我害怕失败,害怕被人拒绝。这些恐惧让我错失了很多机会，也让我感到很失落。

成长指南

有句谚语说得好"必须具有信心，才能真正拥有"。只有先相信自己，别人才会相信你。一个人一旦在心中种下自信的种子，那么，他走路的姿势和言谈举止都会透露出轻松愉快的状态，表现出可以为自己的人生做主的气势。那些冲劲十足、热情高涨、热心助人的人绝对拥有成功的资本。综合能力强的人自信，能力弱的人则不自信。不自信容易导致自卑，自卑容易导致恐惧……所以，缺乏自信带来的后果是非常可怕的。拥有自信，就会充满激情和战斗力，没有什么困难可以压倒他们，甚至可以创造奇迹。

怎样培养自信呢？下面为青少年介绍5种方法。

（1）面带微笑。微笑是快乐的表现，微笑能使人产生信心和力量，微笑能使人心情舒畅、精神振奋，微笑能使人忘记忧愁、摆脱烦恼。

（2）抬头挺胸。人的姿势与内心体验是相匹配的，一个人越有信心就越昂首挺胸，越是有信心的人越意气风发，所以，学会自然地昂首挺胸就会逐步增强信心。

（3）默念"我行！我能行！"。默念时要果断，并不断重复，特别是在遇到困难时更要默念。只要你坚持默念，特别是在起床后和临睡前，分别默念九遍，就会通过自我积极的暗示逐渐树立信心，内心就会充满力量。

（4）多想开心的事。每个人都有自己开心的事，开心的事在某种程度上就是你做成功的事，你经常回忆自己开心的事，每天写下开心的事，就会让你正确评估自己的力量。

（5）主动与人交往。面带微笑地问候别人，双方都会感到温暖和情感的流动，这种温暖会让人浑身充满力量，信心满满。

第四章

挫折教育

适当的挫折教育,是孩子人生的必修课。

孩子的成长需要"爱",但也需要经历心理上的痛苦与忍耐。

面对学习压力，我会坚持不下去，怎么办？

> 学也学不会，躺平了！

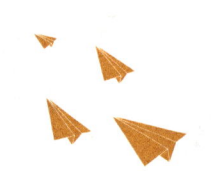

🐌 孩子的烦恼

在学习上，我总是力不从心，每次考试，我考得总是很差，因此，我也被同学们贴上了"学渣"的标签。虽然上课的时候我非常认真地听讲，每次回家也都会认真地完成作业，但是成绩就是不见好。我很困惑，不知道自己哪里做得不对。有一次，我有一道题不会做，去请教身边的同学，但是他们都不愿意教我，还说教了我也不一定会。我好无助啊！觉得自己再怎么努力也赶不上别人，也许我就是大家说的"学渣",这就是我的命运吧。

成长指南

"世上无难事,只怕有心人!"人的一生中,难免会遇到各种各样的困难,也难免会经历一些挫折或坎坷,千万不要灰心失望或自暴自弃。如果想在人生的道路上留下坚实的足迹,一定要有坚强的意志和奋发的精神。如果在困难面前丧失信心、放弃希望,就失去了人生的价值和意义。你要认识到,成绩不好并不可怕,也不代表自己无能,只要分析考不好的原因,然后找到合适的方法来学习,成绩肯定会进步。

要想在考试中取得好成绩,扎实的基本知识、熟练的解题技能是在长期刻苦钻研的学习中培养起来的。思考能力是最基本的要求,而背诵能力、理解能力和思考表达能力对学习成绩的提高起着关键作用,并且每个科目都有各自不同的特点。下面为青少年介绍一些应试技巧。

(1)建立"错题记录本"。每次将自己做错的题抄下来,反复研究,直到弄懂,这样,下次再犯错的可能性就会减

少。久而久之，自己的弱项就可以克服了。

（2）多做模拟试题，通过这种方法提高适应考试的能力。你们可能经常会碰到已经掌握的知识点，但是在考试中又会出问题。这说明了知识点掌握得不扎实，经不起略加变化的考验。所以，通过模拟考试，可以发现自己某些知识点掌握得不好，就可以有针对性地给予解决。

（3）考前复习，不做难题。主要复习各学科的基础知识和看自己整理好的错题本，这样有利于考前信心的建立。

（4）心情放松。考前充足的睡眠和愉快的心情是必不可少的。多参加体育活动、听音乐、和父母聊开心的话题，为自己创造一个宽松的环境。

（5）科学答题六步骤：

①浏览：拿到试卷后先浏览一下所有试题，判断试题的难易程度，制定答题"战略战术"。这样有利于合理安排时间，掌握答题难度。

②审题：解答每一道题前，都要审清题意，明确题目要求。

③草稿：解题需要打草稿时，要有顺序地从左到右、从上到下逐题写在草稿纸上，方便检查和节省时间。

④搁题：有的题目一时做不出来，那就搁在一边，先

做会做的题和得分高的题,回头再来做这些刚开始做不出来的题。

⑤卷面:有些题目答案字数比较多,试卷上空间不够,要有计划地把字写小一点。一定要保证卷面整洁,这样不影响得分。

⑥检查:检查是考试过程中的一个重要环节,一定要挤出时间把做完的题目再检查一遍。

青少年,遇到困难不可怕。可怕的是不去面对,不去行动。切记!人生没有白走的路,每一步都算数,期待听到你的好消息。

如何让自己在心理上经得起苦难?

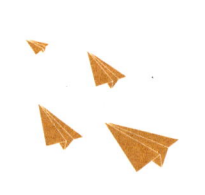

> 好苦……
> 好累……

孩子的烦恼

看着电视上翩翩起舞的舞蹈家,我好羡慕他们,想和他们一样,能够站在舞台上表演如此优美的舞蹈。于是,今年暑假我让妈妈给我报了舞蹈培训班。每次上课练习压腿时,我都感到腿部的肌肉像被撕裂一般疼痛。我多次调整姿势和力度,但是依旧疼痛难忍。我开始怀疑自己的舞蹈天赋,感觉自己并不适合学舞蹈,也许学舞蹈是个错误的决定,真后悔当初的冲动。

成长指南

青少年，苦难教育对一个人的一生影响深远。很多人总是逃避苦难，不愿意吃苦，却不知道，只有经历苦难，才能从苦难中汲取动力和能量。只有真正懂得苦难的含义，才能品出苦难赋予的甜。你自己要求报名的舞蹈课，碰到困难后怀疑自己当初的决定是不是错误的，却忽略了坚持的力量。想要和舞蹈家一样在舞台上翩翩起舞，就必须有意识地接受艰难困苦的训练，学会敢于面对挫折，不怕失败。培养坚韧不拔的意志和毅力，在逆境中千锤百炼成长起来的孩子才更有生存竞争力。

如何让自己在心理上经得起苦难？关键在于"缩小"自己，不要有唯我独尊的意识。看问题的时候，从别人的角度来看，就不会轻易被一件小事情打败了。所以，培养一个人的自控力至关重要。自控力强的青少年能做到专心学习，自觉完成老师布置的训练。"台上一分钟，台下十年功！"舞蹈的基本功是日积月累的过程，如果间隔一星期才去舞蹈室练习，肯定是不够的。有时，一个小小的克制也会使人变得坚强。因为人的具体活动受思想的控制，要做到自律，先要明白自己想做什么？能做什么？该坚持什么？明确这些后，就要为自己的目标定下准则，用准则来管理自己的行为。

在训练的过程中，自己定下的准则也会被突发状况所影响。这时，就要重新回看自己的目标，思考自己的得失，根据初心再一次做选择。比如，训练基本功时，好朋友喊你去玩，这时你要想经得起诱惑，就必须有自控力，才能主动支配自己的行为。在控制思想的过程中，我们要多问自己的目标是什么？如果改变计划，后果是什么？同时提高自己的综合素养。综合素养高的人，能够更理性地分析和解决问题，抵制外界的诱惑，保持清醒的头脑以实现自己的目标。

遇到难题，如何养成独立思考的习惯？

太难了！我放弃！

孩子的烦恼

我喜欢上数学课，我的数学成绩也还不错。可是，上周数学老师出了一道特别难的题，涉及多个角度和边长的计算，我尝试了好多种方法，可是，始终没有得出正确答案。我越做越烦躁，最后沮丧至极。老师说这道题虽然有点挑战，但是其他班级有好几个同学都解答出来了。刚开始，我还挺有信心的，但是现在的我，都开始怀疑我自己的数学能力了。算了，我放弃，我觉得就算我再想下去也还是做不出来。

成长指南

"学而不思则罔。"思考是学习的灵魂。你是不是经常听到老师或家长说:"要学会独立思考。"因为只有独立思考才能有自己的想法,才能成为一个独立的人。爱因斯坦说:"学会独立思考和独立判断比获得知识更重要,不下决心培养思考习惯的人,便失去了生活的最大乐趣。"思考好比播种,行动好比果实,播种越勤收获越多。善于思考的人,才能品尝到金秋的琼浆玉液,享受丰收的喜悦。碰到一点困难就放弃,岂不是失去了学习的乐趣?

如何培养独立思考的习惯?可以从以下两方面着手。

(1)用自己的话讲出来。把课本知识变成自己的话,需要一个独立思考的过程,长期坚持下来就会养成独立思考的习惯。

(2)经常对各类题型整理归纳。对题型分类整理,概括出每种题型的解题技巧和注意事项,让知识系统化,这也是训练独立思考的方法。

要培养独立思考的能力,还要给自己独立思考的空间。

（1）创造一个思考的氛围。青少年应该拥有自己的空间，可以和同学一起开动大脑共同思考，形成互动，创造共同努力、共同进步的氛围。

（2）学会独立思考。养成凡事自己思考、自己判断的好习惯，碰到事情问自己：我要解决什么问题？我能怎么做？

（3）学会创造性思考。有意识地养成刨根问底的习惯，凡事都要问为什么，自己努力寻找答案。不断探索和钻研，才能享受丰收的喜悦，才能使自己走向优秀。

在培养独立思考能力的过程中，要学会借鉴别人的方法和经验，找出其中的差异点。思考自己的不足，学会质疑，不但要敢问，还要学会问，问什么、怎么问大有学问。

如何克服比赛失败的消极态度？

孩子的烦恼

我热爱运动，尤其是跑步。为了参加学校运动会，我提早两个月就开始训练已经报名的比赛项目——400米赛跑。我下定决心一定要拿名次，为班级争光。同学们对我也很有信心，相信我一定可以成功。比赛那天，我在赛道上拼尽全力奔跑，希望能取得好成绩，然而，我发现一同参赛的几个选手都超级厉害。最终的结果是，我没有拿到名次，我对自己失望透了。这几天，我脑海里不断回放着比赛的画面，想不通为什

么自己平时那么努力地训练，却跑不过别人，让老师和同学失望了，下次运动会，我不想再参加了。

成长指南

每个青少年都渴望成功，但由于能力限制、经验缺乏和各种因素的影响，难免会遭受失败和挫折。一次小失败对成年人来说是微不足道的，对青少年却是不小的打击，容易使他们变得消沉起来。在这种心态的影响下，就会精神萎靡、消沉慵懒、提不起精神来，完全一副颓废的样子。这种心态如果没有调整好，以后可能无法面对困难。

其实，带给青少年打击的并不是失败本身，而是对失败的态度。青少年不能一蹶不振，要努力培养积极乐观的心态，让自己有勇气面对困难，这样才能在遇到挫折时不气馁，与困难抗争到底。要勇敢面对失败，可以尝试以下4种做法。

（1）训练自己面对失败的勇气。在人生的道路上，失败在所难免，对此要有思想准备，这样，遇到失败就会比较容

易接受，还能将失败的损失降到最低程度。

（2）避免消极的态度。失败后消沉、颓废、自卑、沮丧，失去希望或引发不恰当的对抗行为，都是对待失败的消极态度。告诉自己，以积极态度来面对失败。一件事情的失败，不要自我苛责，要自我鼓励，激起自己重新奋斗的决心和自信心。

（3）总结经验。从失败中汲取经验教训，砥砺自己更成熟、更坚强。激励自己从逆境中奋起，勇敢面对失败，用失败来做成功的奠基。

（4）不必在意外界评价。告诉自己，在比赛中，谁也不可能永远得第一，也不可能总是得奖，即使是在没有奖赏的情况下，也要坚持下去。

如何培养独立自主的能力？

怎么这么挤呀？

孩子的烦恼

我今年上五年级了，每天最害怕的就是坐公交车去上学。因为上班高峰期那会儿人真的好多，有很多次我都挤不上去。有时候上一班车没挤上去，下一班车还是很多人。好不容易挤上去了，根本没有座位。上周开始，爸爸的上班时间有所调整，比之前晚一小时上班。我央求爸爸送我去上课，那样我就可以不用挤公交车，舒舒服服地坐在车里听着喜欢的音乐，享受宁静的清晨了。可是爸爸不答应，他说一周只能送我一次。

成长指南

在高峰期挤公交车确实是不舒服，爸爸完全可以送你去上学，为什么却只答应你一周送一次呢？父母对孩子的爱是天底下最无私的，父母希望培养有责任心、独立自主的孩子。如果所有事情由父母包办代替，久而久之，孩子会形成养尊处优的坏习惯，这样只会害了孩子。只有自己的事情自己做，才能培养孩子独立自主的能力，才能让孩子感受到自己的价值。当然，父母让你去做的事情一般是你力所能及的，即使有一点儿难度，只要努力去做，一定能做好的。

自己的事情自己做，有利于培养动手能力，磨炼自己的意志，成为一个对社会有用的人。能力的培养不是一朝一夕的事情，需要经过长时间的实践和锻炼。在这个过程中，可以逐渐脱离父母的帮助，依靠自己的能力，发挥自己的智慧，将事情做好。让孩子自己动手做事有利于培养独立意识，孩子终究有一天会离开父母的羽翼独自生活，只有敢于挑战自己、自力更生，才算是真正长大，才能闯出一片属于自己的天地。

一个乐意对自己的行为负责任的人，即使一再受挫也不会改变自己做人做事的风格，久而久之必然会成为一个出类拔萃的人。一个人身上的责任越重，越能感受到生活的充实和快乐，因此，不要怕困难，不要逃避挫折，坚守下去，未来才会一片光明。

如何培养面对困难的勇气？

> 练不好，不想练了……

孩子的烦恼

学习钢琴时，我遇到了困难，很难掌握曲子的节奏，我总是弹错音符，我感到很沮丧，失去了继续努力的信心。我想放弃，但我知道只有通过不断的练习才能掌握技巧。然而，每次想要练习时，我就会想到那些困难，最终还是选择了退缩。除了学习上的困难，生活中我也经常碰到各种挑战。有时是和朋友发生争执，有时是面对一项新任务。每当这时，我总是感到焦虑不安，害怕自己处理不好这些问题，担心自己的表现不够好，怕被人嘲笑或批评。这些担忧让我失去了勇气和信心,最终选择逃避。为什么我总是碰到困难就退缩呢?

成长指南

生活中,如果没有遭遇困难和失败,就不会积累经验和阅历;如果没有遇到困难和挫折,就不会挖掘到自己内部贮藏的力量。伟大人物多数具有坚定的意志,不管环境如何变化,他们丝毫不会改变自己的初衷与希望,最后,他们总能克服障碍达到想要的目的。

困难是对一个人的考验。除了生命,人在一切都已丧失的情况下,内在的力量到底有多大?没有勇气继续奋斗的人,自认为会失败的人,很难取得大的成就。只有毫无畏惧、勇往直前、永不放弃的人,才会在自己的生命里有所成就。铁要经过千锤百炼才能成钢,人也要经过千锤百炼才能成为一个成功者、胜利者。在奋斗的过程中,我们所迎接的每一次困难都是一次锤炼。每个人的身上都有很多缺陷和弱点的,只有在挑战困难的痛苦磨炼中,才能蜕变成一个独立的人。

青少年在面对困难、挫折时，尝试做到以下4点。

（1）停止抱怨。抱怨只会让你情绪更低落，让你成为悲剧的主角，让你抱着消极态度无法自拔。

（2）坦然接受事实。不要让困难日夜折磨自己的心灵，接受困难这一事实会让你的情绪好一些，让你对将来抱有积极的态度。

（3）保持积极乐观的心态。采用自我心理调试法，提高心理承受能力，行动起来或者走出去会让你更警醒，你的大脑能够更快地思考，更好地解决问题。

（4）调整思路。降低不切实际的"目标"，及时改变策略。把目标调整到通过自己的努力可以实现的限度，最好定一个保底目标和一个冲刺目标。

第五章

人际交往

我们努力摆脱社交恐惧，不单单是为了取悦别人，让自己曝光于人前，社交勇气的最大功效在于让我们把握住机遇。

爸妈忙工作，没有时间交流怎么办？

我的妈妈永远在忙。

孩子的烦恼

爸爸经常出差，每个月只有几天时间在家，而在家的这几天也一直在忙工作。之前晚上回到家，妈妈都会准备好晚餐等我，但是现在，每天回到家，迎接我的是那些已经放凉了需要自己加热的饭菜，还有那张毫无感情色彩的便条，上面写着加班、聚会之类的话。为什么他们这么忙？在他们的心目中，难道事业比我还重要吗？妈妈每次加班回来都很累，也没时间跟我说说话，我多希望妈妈能关心关心我。

成长指南

"家对每个人来说都是城堡和要塞!"家是一个人在这个世界上最安全的所在,父母是这个世界上给予你生命,并将所有的爱都给了你的人。最近妈妈工作太忙,爸爸又不在家,你一个人回家面对冰锅冷灶,肯定很不习惯吧。可能你会有一点伤心,但我能理解你的心情。在学校学习紧张、忙忙碌碌,而回到家爸妈都不在身边,不能及时给你更多的关心和照料,从而让你产生他们的事业比你更重要的感觉,这是很正常的。

和家人关系疏远的主要原因是缺乏交流,彼此之间交流不多,导致无话可说。建议你和爸爸妈妈敞开心扉,将心里的事分享给他们听。如果不主动分享,爸爸妈妈只是看到了你沉闷的样子,他们不知道你心里在想什么。所以,主动向爸爸妈妈表达你的需求,告诉他们你每天在学校都遇到什么有趣的事情,周围的环境发生了什么变化。把你每天的所思所想讲给爸爸妈妈听,他们一定会很享受的。父母和孩子之间有交流是不是很有意思呢?身体上的累,休息一下就好了;心里的累,则需要精神上的供给。你也可以邀请爸爸妈妈周末休息的时候,陪你一起去大自然中走一走,聊聊各自工作、学习上的事情，你就能感受到爸爸妈妈的关心啦！

　　还有一个小建议，爸爸妈妈回家时，你可以对他们笑一笑。爸爸妈妈工作了一天的疲累，在看到你这个贴心小棉袄的笑脸时，会因为你开心的笑脸而消散。如果你每天把自己闷在屋子里，对爸爸妈妈很冷淡，他们就会觉得你在忙学习。人生三有件事：自己的事，全力以赴；别人的事，尊重理解；老天的事，接纳臣服。如果你希望父母多关心自己，你就要主动表达自己的需求。接收到你的信息后，父母就能做出相应的调整，多给予你一些陪伴啦！

被冤枉，该如何找老师沟通？

这不是我要传的纸条！

孩子的烦恼

上英语课的时候，坐在我身后的同学碰了我一下，然后快速地递给我一张纸条，上面写着"给林丰"（林丰是我的邻桌）。于是，我想都没想就顺手递了过去，直接放在林丰的桌上了。可是，这一幕让老师看到了，她大声呵斥我："上课不许传纸条！"我都跟她说了不是我要传的，是别的同学给我的。而且，之前那么多同学都传过纸条，为什么偏偏只说我呢？但是，老师一口咬定就是我主动传纸条的。这不是冤枉我吗？我很想跟她辩论一番，但是那么多同学都在看着，我还是忍住了。我想下课了找老师沟通沟通，但是我该如何沟通呢？

成长指南

在学校里，如果与老师和同学之间的关系处理不好，会直接影响自己的生活和学习，任由其发展下去还会影响身心健康。主动找老师沟通是很明智的做法。成功学大师卡耐基有一个观点：一个人事业上的成功，15% 靠专业知识，85% 靠人际关系，可见人际关系是多么重要。想处理好与老师的关系，给你 3 个方面的建议。

（1）尊敬老师。师生关系是教育与被教育的关系，老师是教育者，又是长者，阅历丰富，学有所成；学生是被教育者，年龄小，阅历尚浅，许多事情是需要学习的。或许你会说，人与人之间是平等的，无高低之分，这指的是人格方面，而在学识、职位和年龄方面，我国历来有尊师重道的优良传统。如果在学生心中一点尊严都没有，老师能教育好自己的学生吗？反过来，学生如果不尊重老师，又能学到什么

呢？所以，对老师要有尊敬之心，才能虚心受教。

（2）了解自己的老师。"千人千脾气"，老师也有自己的生活习惯、工作习惯、业余爱好、待人方式、喜怒哀乐等，如果你能了解老师的特点，就不容易产生误会。

（3）以诚对待。作为学生应该真心实意地尊敬老师，对老师讲实话，老师才能做出正确的决策。

老师都希望自己的学生早日成才，师生感情是世界上最纯洁的感情。与老师相处不愉快时，要学会"换位思考"，如果我是老师我会怎么样？还要明确自己找老师沟通的目的是什么？尊重老师就是尊重知识，也是尊重自己的未来。希望你和老师之间的沟通顺利，消除误会后放下思想包袱，满怀信心地去迎接明天的太阳。

为什么成绩提升了，却没有朋友了？

> 为什么成绩提升了，朋友却没了呢？

🐝 孩子的烦恼

刚上初一的时候，我的成绩一般，但是随着越来越努力学习，成绩逐渐变得优秀，成为老师和同学眼中的尖子生。可是我与同学之间的关系，却随着成绩的上升而变得越来越糟。现在，甚至舍友都不爱跟我说话了。刚开始，我以为是因为我平时太努力学习了，没有时间和大家玩在一起，所以有些疏远。可是后来，当我主动跟同学说话时，他们就会走开，有人还酸溜溜地说："人家是尖子生，老师眼里的大红人,咱们高攀不上。"因为自己的努力提高了成绩,我很开心,但是同学对我的排挤又让我很难过。

成长指南

进入青春期的孩子,在个性上会表现出很多差异性,而学习依然是青少年的重中之重。面对升学的压力,老师和家长非常在意孩子的学习成绩,所以,学习成绩就成为青少年之间的较量。有较量就有差别,就有高低之分,因此,导致成绩太好的孩子容易被嫉妒,特别是青春期的孩子,争强好胜的心理更明显,这是非常正常的现象。

青春期的孩子喜欢与别人比较,这是上进心强的表现。特别是在学习上,成绩好的孩子成为别人追赶的对象。有的同学会产生一种羡慕、崇拜、奋力追赶的心理;有的则会过于在乎比较的结果,就明显地表现出嫉妒心理。

黑格尔曾经说:"有嫉妒心理的人,自己不能完成伟大事业,就尽量去低估他人的伟大,贬低他人的伟大使之与他本人相齐。"这样的嫉妒心理,会对嫉妒者产生消极的影响,所以,你不必把嫉妒者放在心上。不能因为怕别人嫉妒,就放慢自己学习的脚步。只有持续努力，才能成为最后的成功者。另外，当别人嫉妒你的时候，说明你还没有超过他太多；当你将嫉妒者远远甩在身后时，他们就会羡慕你、崇拜你，甚至成为你的好朋友。

和好朋友闹矛盾，怎么解决？

孩子的烦恼

我和辉认识快三年了，因为住得近，又有共同的爱好，很快我们就成了无话不谈的好朋友。我曾一度认为辉是我这辈子最好的朋友。前两天，我和辉因为一件小事在电话里吵了起来，现在都不记得是怎么回事了。当时我心里有点儿不舒服，说了几句就直接挂掉了电话。当天晚上，她微信发我："没见过这么没脑子的人"。我一下子就火大无比，第二天就去学校找她理论。当时她在打篮球，根本就不搭理我，我一下子冲上前去，和她厮打了起来。直到现在，我们都没有说过话。

成长指南

听到同学或好朋友之间闹矛盾，经历过青春期的人都会会心一笑，甚至觉得那时候同学或好朋友之间的小矛盾是甜蜜的。因为青春期的同学或好朋友之间闹矛盾是很正常的。也许因为朋友一句无心的话，也许因为朋友一个动作或眼神……仔细想想，很多时候生气只是因为一些微不足道的小事。既然是好朋友，其实不存在长时间的怨气，及时道歉认错，事情就过去了。

无论和朋友之间有怎样的矛盾和冲突，生闷气和打架都不是最好的解决方法，只有真诚地沟通和交流才能有效地解决问题。如果是你的错，一定要鼓起勇气向朋友道歉，事情说开了，朋友还是朋友，先道歉的人不是弱者，而是敢于承担责任的人。如果不好意思当面讲，可以写纸条或发短信。或许你的朋友也有这样的想法，只是可能是碍于面子，不好意思开口，找个机会和他说说，或者冲他笑一笑。如果在他遇到困难时，你能及时给予帮助，那就再好不过了。

有好朋友总是一件开心的事，要珍惜朋友之间的友谊。很多时候，朋友是无心伤害你的，可能是当时正在气头上，没有考虑那么多。生活中，我们要学会宽容，学会谅解，才能够让友谊更加长久。

如何向父母提自己的家庭建议？

孩子的烦恼

我有一个3岁的妹妹，她有的时候非常可爱，是家里的开心果；可有的时候又很霸道，还蛮不讲理。她经常会学我的样，看书的时候，她要抢我的书，给她另一本书，她还不要，偏偏就要我手上的那本。上周末，我跟同学出去玩，带回来一个同学送给我的玩偶，她看到了又要我给她，可我就是不想给，因此，她号啕大哭起来。然后爸妈过来了，他们总说我是哥哥，大孩子就应该让着小孩子！可是，为什么每次都要我让着她？

📩 成长指南

很多家庭中，父母都会对哥哥姐姐说："你是大孩子，你要让着小孩子。"从而忽略了哥哥姐姐也是父母的孩子，他们受到了不公平的待遇，内心会委屈、无助、愤怒……难道仅仅是因为年龄比较大，他们就应该受委屈、被父母无视吗？

为什么父母会有这样的要求呢？

第一个原因是父母平时比较忙，不想花太多时间在这些小事上，就用这现成的、简单粗暴的一句话来解决问题。不用询问矛盾根源，不用分辨对错，不用调解矛盾，方便管教孩子。

第二个原因是父母自己从小就是被这样教育的。所以父母认为这是理所应当的事情，还认为这样能够培养孩子"爱幼、谦让、宽容"的品质。

父母一味要求大孩子让着小孩子，只会让兄弟姐妹之间的矛盾更多，只会让大孩子因为隐忍觉得不公平，让小孩子更加恃宠而骄。父母的本意是希望子女和平相处，但这种方式会让孩子没有安全感，导致家庭关系不和谐。

所以，孩子要学会和父母有效沟通，沟通才是解决问题的正道。遇到这种事情，首先，站在父母的立场跟父母沟通："爸妈希望我和妹妹和谐相处，这我能理解，但是，你们有没有发现，只要你们卷入其中，妹妹就有恃无恐、越来越霸道？"其次，将自己的感受告诉父母："作为大孩子，我会越来越委屈，这样也做不了妹妹的榜样。"最后，提出解决方案："爸妈，我们可以开家庭会议讨论一下我们家的规矩有哪些？比如，小孩子是不是要尊重大孩子，大孩子是不是要爱护小孩子，遇到事情是不是要协商或讨论，而不是哭闹或叫爸妈撑腰就可以的……大家一起来遵守，界限清晰，一家人才能其乐融融。"

爸妈不让我和"坏同学"玩，怎么办？

孩子的烦恼

我在班里人缘还不错，有很多好伙伴，我们经常会在周末组队去打篮球。每次打完篮球回到家，爸妈就会询问我的这些伙伴的学习怎么样啊，性格好不好等。刚开始，我都如实回答，但是我发现他们对几个平时在学校比较调皮的、成绩不太好的同学比较排斥，还会告诉我少跟他们来往，还说什么"近朱者赤，近墨者黑"之类的话。虽然我很不乐意他们这么说，但也没放在心上。直到这周末，他们竟然不让我出去打篮球了,说这些"坏同学"会带坏我!我真的很生气,但是又不知道怎么跟他们说。

成长指南

当父母不让你和某些同学玩时,应该理解他们的担忧和初衷,父母可能担心你被那些有不良习惯的朋友带坏,或者担心你的安全。你可以尝试通过以下几种方式来处理这个问题。

(1)与父母沟通。心平气和地与父母交谈,说明你和那位同学的关系,以及你想和他们一起玩的理由。同时,也可以向父母保证,你选择交往的是积极向上的同学,根本不会与那些有不良习惯的同学来往。

(2)展示同学的优点。向父母展示那位同学的优点,而不是只看到缺点。如果父母仍然担心,可以尝试让他们换位思考,让他们想象一下如果他们是孩子,他们如何看待这个问题。

(3)提供联系方式。如果你计划和同学出去玩,应该提

前告知父母，并留下联系方式。这样可以让父母了解你的行踪，同时也能体现出你对安全的重视。

（4）提升自我处事能力。通过与同学的沟通交往，认识自我，提升自我，同时，理解父母的用心，而你可以通过提升自己的处事能力来减少父母的焦虑。

（5）多与父母交流。在青春期这个年龄阶段的孩子，可能会让父母更加担心，因此，要多与父母沟通，了解他们的担忧，并努力消除他们的顾虑。

总之，与父母有效沟通，向父母展示朋友的优点，并向父母保证自己交友的原则，同时，也要理解父母的担忧，并尽自己所能，努力减少他们的焦虑。

如何热情地与人打招呼？

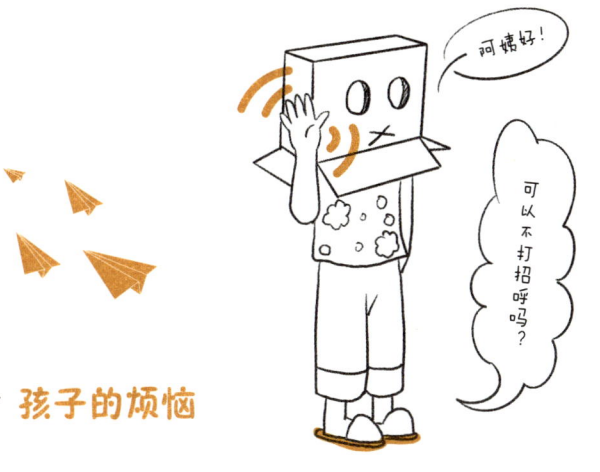

阿姨好！

可以不打招呼吗？

孩子的烦恼

上周末，妈妈的同事来家里玩，当时，我在书房写作业。很快，就听到妈妈大声喊我："宝贝，快出来，你张阿姨来了，赶紧出来打招呼。"我的心怦怦直跳，特别不想出去。我不是个没礼貌的孩子，只是我真的太害羞了，不敢去打招呼。但是妈妈一直催我，最后直接开门进来拉我。然后，我很不情愿地走出房间，羞答答地小声说了句："张阿姨好。"说完，我立马回房间了。其实，我也特别想像别人那样热情大方地打招呼，可我就是不敢啊！

成长指南

害怕打招呼，最主要是因为两点：害怕称呼出错；不知道该说什么。

青春期的孩子自我意识正处于高速发展的阶段，对外界的评价特别敏感，非常在意自己的群体形象，害怕被批评和指责，想要像别人一样热情大方地打招呼，需要一个循序渐进的过程。

首先，接纳自己不愿主动和别人打招呼的现状，因为这是一种自我保护的方式。

其次，用为人处世中最有价值、最有吸引力的面部表情——微笑，来帮助自己慢慢走出来。哪怕是不同民族、不同地域、不同肤色、不同语言的人，只要微笑，一定能够打开一扇沟通的大门。微笑无声却传达着"我喜欢你""欢迎你""我表示欣赏、赞同"等丰富的含义。微笑能给对方留下良好的第一印象，能表示出对他人的赞许、理解、谅解、尊重和友好，能打破僵局，解除对方的心理戒备。

与他人初次见面，面带微笑就像有魔力，使人顿生好感；与老朋友再次重逢，面带微笑会让人觉得你不忘旧情，是个重情重义的人。微笑要发自内心，无任何做作之态。只有真诚微笑,才能显得亲切自然,与你交往的人才能感到轻松愉快。微笑可以化解人际交往过程中的坚冰,并且可以增加自己的亲和力。

最后,多出去历练,比如,独自去图书馆、参加社会公益活动、参加生存挑战赛等。

如何拒绝弟弟妹妹的无理要求？

> 这是我的！

> 胡说！这明明是我的！

孩子的烦恼

我有一个弟弟，他总喜欢抢我的东西。每当我想玩什么或者吃什么的时候，他总是第一个冲上去抢走。我真的很不喜欢这种感觉！每次都被他欺负，我感觉特别委屈。那天，我买了一盒巧克力回家，想要好好享受一番，可是，刚打开盒子，弟弟就冲了过来，一把抢走了巧克力。我试着跟他讲道理，让他把巧克力还给我，但他根本就不听。我感到很无奈，只好找妈妈帮忙。妈妈告诉弟弟，不能总是抢我的东西，应该学会分享和尊重别人的感受。可是弟弟不仅不听,还大声哭了起来。我只好不情愿地给了他,但是我很有情绪。

成长指南

兄弟姐妹,是上天赐予我们最亲密的人。无论是甜蜜的时光还是痛苦的日子,他们都会陪伴我们一起走过。然而,在相处的过程中,我们常常会面临各种挑战和困难。那么,兄弟姐妹之间最好的相处方式到底是什么呢?

1. 礼尚往来:情感的互换与回馈

孔子曰:"礼之用,和为贵。"兄弟姐妹之间的相处,同样离不开"礼"字。这里的"礼",不仅仅是表面的礼节,更是一种情感的互换与回馈。当一方遇到困难时,其他兄弟姐妹应伸出援手;当一方取得成就时,也应分享喜悦,与家人共同欢庆。这样的相处方式,不仅可以加深兄弟姐妹间的情感纽带,还培养了彼此间的信任与依赖。

2. 有商有量:沟通与协商的智慧

由于年龄、性格、经历等方面的差异,兄弟姐妹间难免会产生分歧和矛盾，此时，有商有量的沟通方式就显得尤为重要。面对分歧，我们应学会倾听对方的观点，理解对方的立场，通过协商找到双方都可以接受的解决方案。这样的沟通方式，不仅能够化解矛盾，还能增进对彼此的了解。

3. 谦卑礼让：和睦相处的润滑剂

相处过程中，兄弟姐妹之间的谦卑礼让是一种美德，也是一种智慧。要学会在适当的时候让步，而不是斤斤计较或者咄咄逼人。出现争执时，可以用谦卑的态度去化解，用礼让的方式去平息。这样的相处方式，能够减少冲突，营造和睦的家庭氛围。

4. 互不干扰：尊重彼此的独立与自由

虽然兄弟姐妹间有着深厚的血缘关系，但我们每个人都是独立的个体，拥有自己的生活空间和隐私。互不干扰，就是在尊重彼此独立与自由的基础上，给予对方足够的空间和时间。我们不应该过分干涉兄弟姐妹的生活，而是要学会尊重他们。这样的相处方式，既能够维护兄弟姐妹间的和谐关系，又有利于彼此的独立，促进彼此的成长与进步。

兄弟姐妹间的相处之道，没有固定的模式，但"和而不同"、相互尊重、沟通与协商、谦卑礼让等原则是我们需要坚守的。让我们在生活的点滴中践行这些原则，让兄弟姐妹间的关系更加和谐融洽，让家庭成为我们心灵的港湾。只有这样，我们才能在人生的道路上携手同行，共同面对风雨，共享阳光雨露。

第六章

异性交往

如果能清楚异性交往的微妙，并能把握好界限，那也有利于自己处理和经营好各种关系。

和异性说话脸红，正常吗？

> 哎呀！好害羞！

孩子的烦恼

我是一名初中女生，现在怀疑自己有点心理障碍。不知为什么，只要和男生说话，我就会特别紧张，还会脸红。上一次全校运动会，我到现场比较晚，基本没有座位了。同班同学告诉我后排有空位，让我过去坐。我看了一眼，发现空位旁边是个男生，我很不想过去坐，但又怕别人觉得我奇怪，只好过去坐下。旁边的男生跟我打招呼，我很害羞地看了他一眼，当时就感觉自己脸红了。我到底是怎么了？

成长指南

随着年龄的增长，青春生理期的逐渐成熟，青少年的性意识开始觉醒。在心理上，他们开始意识到男女有别，意识到异性交往和同性交往的不同。他们不可避免地对异性产生一种朦胧的好奇心，渴望了解异性。有的青少年在异性面前表现得热情、兴奋，有的则表现得慌乱、羞涩、不知所措。面对这一切，很多青少年有着极大的不安。科学研究发现，青少年的这些变化都是青春期异性之间相互吸引的表现，是一种正常的心理变化。

青少年阶段都会产生想要接近异性的欲望，这是一种正常的情感需求，它不是病态的，也并不可怕。心理学家认为异性交往有以下 4 点互补性，可以更好地帮助青少年成长。

（1）个性互补。对社会中的个体来说，同性之间单一的交往远不如异性之间多元的交往丰富有趣，而交往范围越广泛，与周围生活的联系越多样，各方面社会关系越深入，精神世界就越丰富，个性发展就越全面。

（2）心理互励。心理学家发现，青少年在心理上都有"异性效应"，有异性参加的活动会更愉快，干得更起劲、更出色。因异性间心理接近的需求得以满足，使人获得不同程度的愉悦感，激发潜在的积极性和创造性。

（3）情感互慰。人的情感是丰富多彩的，除了爱情外，还有亲情、友情、同情、恩情等，它们都可以使人感受到温暖，达到心理上的平衡和情感上的互慰。

（4）智力互偿。男女间的智力特质有区别，男生擅长抽象的逻辑思维，较为理性；女生擅长具体的形象思维，较为感性。通过与异性之间的交往可以扬长避短，利于智力水平和学习效率的提升。

青少年的价值观、人生观、世界观都是在这一阶段逐步发展起来的。与此同时，青少年身心发育尚未成熟，情感认识不够理性，情绪管理不够稳定，很容易因一时冲动而酿下苦果。青少年与异性交往应该怎么做呢？

（1）互相理解和尊重。男生女生在气质、性格、爱好等方面差异较大，只有彼此互相尊重和理解，才能维持和发展与异性之间的友谊。

（2）与异性交往不能过于随便，一举一动需大方得体，否则可能伤害彼此和其他人。与异性交往要注意选择场所，尽量不在偏僻昏暗处,避免引起误会。

(3)特别重要的一点是:要分清友情和爱情的界限。友情和爱情都是以彼此间的相互欣赏为基础,但是两者之间有着严格的区别。

总之,与异性交往的过程中,青少年要学会正确利用奇妙的"异性效应",学会彼此欣赏和学习,把握好交往的尺度,让自己多一些朋友。

什么样的人更受异性欢迎？

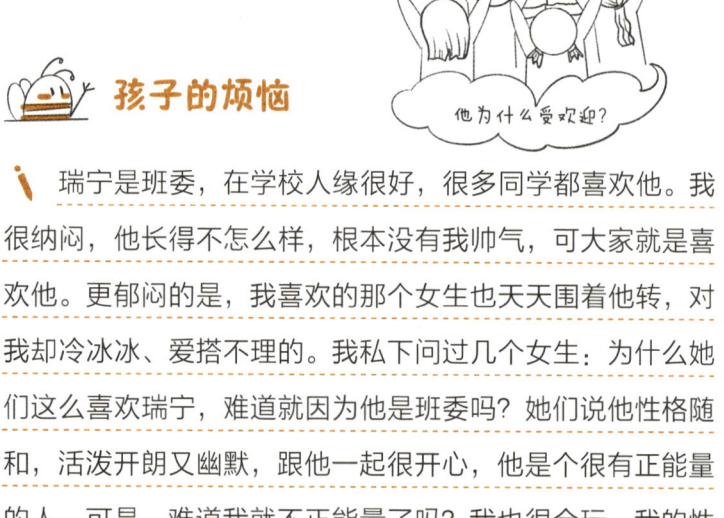

孩子的烦恼

瑞宁是班委，在学校人缘很好，很多同学都喜欢他。我很纳闷，他长得不怎么样，根本没有我帅气，可大家就是喜欢他。更郁闷的是，我喜欢的那个女生也天天围着他转，对我却冷冰冰、爱搭不理的。我私下问过几个女生：为什么她们这么喜欢瑞宁，难道就因为他是班委吗？她们说他性格随和，活泼开朗又幽默，跟他一起很开心，他是个很有正能量的人。可是，难道我就不正能量了吗？我也很会玩，我的性格也不差啊！

成长指南

青春期的孩子都有自己的个性，瑞宁为什么受欢迎，从上面的陈述我们可以总结出：外貌固然重要，但不是最重要的。认识初期会因为外貌而喜欢一个人，但时间久了就不会通过外貌来衡量人了，而是性格和能力，瑞宁就是靠自己的性格和能力胜出的。

青少年想受到异性的欢迎，最重要的是：与人交往时要学会顾及他人的感受，善于为别人着想；将自己变成有内涵、有自信的人，在学习生活中积极主动地帮助同学。如果整天只是一个人闷头读书，就失去了与同学交流互动的机会。友谊是交流出来的，语言上的互相鼓励和行动上的互相帮助都是必要的。同时，要有幽默感，给人一种很放松的感觉。青少年需要注意，想要在异性交往中成为受欢迎的人，一定要学会用真诚和信任来提升自己的魅力，不仅是对异性，对同性朋友也要多一些理解和宽容，这样，自己身边的朋友就会越来越多。

好朋友和我喜欢同一个人怎么办?

孩子的烦恼

最近,我最要好的朋友琳不跟我说话了,因为我们俩同时喜欢上了一个男生。他是隔壁班的,下课总是会过来找我借作业本,和我聊天。聊天的时候,我挺开心的。有同学说他喜欢我,其实我感觉自己也有点喜欢他。但是我发现,我最要好的朋友琳每次看到我俩在一起,就很不开心,一整天都对我爱搭不理的,还会冷嘲热讽地说那个男生那么优秀,怎么可能会喜欢上我之类的话。前两天,另一个朋友告诉我

说琳也喜欢这个男生。天呐！我真地不希望自己和好朋友成为"情敌"啊！

成长指南

年轻女孩对于感情的体验大多是朦胧的，往往莫名其妙的悲伤，又莫名其妙的喜悦，对异性的喜爱也是如此。这种感情真挚、自然，甚至有些天真。你的好朋友琳也是一样的，可能她将男孩当作偶像。这种感情本身是无意识的选择，不能将其与成年人之间成熟的感情相提并论，也不要觉得她是有意为难你或者想和你绝交。只要处理得当，你们还和以前一样是好朋友。这个时候的琳，她的感情也是十分微妙又脆弱的。遇到这种情况我建议应该从以下3个方面入手。

（1）巧妙地让男孩表明态度。如果男孩只是把琳当成好朋友，就要找机会向琳表达自己真实的想法。表达的时候，态度一定要委婉，不能有丝毫的轻视和厌烦。因为女孩在这个时候是很敏感的，处理不好就会伤害到她。

（2）不要让不相关的人知道她的感情，尤其是男孩明确表态之后,要为她保密。

(3)青春少女的感情是真挚的,也是不稳定的,两者并不矛盾。对待感情不要过分限制,帮助琳调整心态,将注意力转移到她喜欢的事情上来。

处理感情是最复杂的,也是最需要耐心的。只要你真诚地理解她、帮助她,不但不会失去琳的友谊,反而会得到她更多的尊重和信任。

为什么这么在意异性的评价？

孩子的烦恼

她们为什么那样说我？

我发现，这段时间特别在意别人对自己的评价，尤其是异性。我担心自己的外貌、表现和言行是不是能够得到异性的认可和喜欢。我经常在课堂上举手发言、回答问题，可是我发现有的女生在听到我的答案时，并不给我积极的反馈，甚至有时候还会嘲笑我。这让我感觉很沮丧、很困惑，说实话，我真的很羡慕我们班伟明，他总是能够吸引很多女生的关注，而且大家对他的评价都很高。我不知道自己应该怎么做才能得到异性的认可和关注。

成长指南

一般情况下，青春期孩子的情感发展规律是：由幼稚走向成熟，由波动走向稳定。当你发现自己开始爱干净，开始关注自己的外表，喜欢在异性面前表现的时候，说明你开始留意异性的举动了。心里既想接近异性又有点儿害羞，有时连上课思想也会不集中，性格也发生了一定的转变。在意异性的评价，代表你的内心正在出现一股情感冲动，这是正常的。只要你保持心态平衡，避免自己的情感泛滥，就会逐渐走向成熟的阶段。

在校园里，你可以在异性面前表现自己，但要明确的一点就是：交往是为了建立正常的友谊。与异性交往，要与同性有所区别。要注意分寸，要有节制和礼貌，举止大方，态度诚恳，注意环境和场合，避免造成误解。与异性交往时，不要陷入成年人的恋爱模式。因为青春期的男生和女生都处于好奇阶段，双方的交往是一种自然而纯洁的情感流露。

要想得到异性的认可，则要让自己的视野变得更加开阔，要多交一些朋友，多参加一些课外活动，只有这样，才能更加深刻地体会到人与人之间纯洁的友谊。

被喜欢的人"背叛"怎么办？

孩子的烦恼

从迎新晚会开始，我一直注意一位女孩子。她长得眉清目秀，也很文静，但我当时只敢在弹吉他的时候偷偷看她。我很想认识她，所以很快查到了她的具体情况。她是低我一届的学妹，各科成绩都特别好。我打听到，她每周末都会去图书馆看书。于是，我也经常去图书馆，还总是坐在离她不远的地方。我知道，她能感觉到我的存在，我也很开心能用这样的方式和她相处。直到上周，她的身边出现了一个男生，看着他们有说有笑地走出图书馆，我突然有一种被"背

叛"的感觉，非常难受。

成长指南

　　青春期的孩子进入异性好感期的时候，如果心中有特别喜爱的异性，就会体验到从未有过的复杂情感。如果将这些情感封闭起来，就会不知不觉转换成暗恋，对异性的向往也会演变成独自沉思、默默地爱。有人用写日记的方式来倾诉思念之情，极少在异性面前表露心迹。虽然这种闭锁心理不会直接影响别人，但是会让自己感到十分彷徨和纠结，特别是暗恋对象身边出现和她有说有笑的人时，内心就会产生嫉妒，陷入无谓的痛苦之中，以致影响自己的学习和生活。

　　对于暗恋，如果你试着抽离出来，以旁观者的视角，也许就会发现自己的感情似乎并不成熟，只是一厢情愿。真正的恋爱要具备多个条件，除了对异性自然的爱慕，比如，外貌、体态、气质等，还会考虑其他因素，比如，理想、志向、兴趣爱好等。要学会让自己保持理智，可以冷静地问问自己喜欢对方什么，是自然的感情流露，还是一时冲动。在寻找根源的过程中，千万不要着急，将自己的感情沉淀下来，等将来学业有成时再谈恋爱会更美好。

怎么走出暗恋的感情呢？让自己的生活更加充实，多和家人、同学、朋友交往，平时多参加集体活动和各种文体活动；多关注知识的获取和学习的进步，制订短期和长期目标，并努力实现，这样就不会有太多闲暇的时间去想感情的事。一段时间后，内心就会慢慢释然，并且逐渐明白什么才是最适合自己的。

正常的交往，却被认为是"早恋"，怎么办？

孩子的烦恼

到底要保持多远的距离？

我是个性格开朗的男生，跟班里的男生女生都玩得很好。前段时间，我迷上了集邮，一到周末我就去邮票市场。一次，我在邮票市场发现同学小丽也在看邮票，我们俩一起聊邮票的事情，非常开心。后来，我们俩也会在课间休息的时候相互交换邮票。渐渐地，我发现同学间传起了我俩的绯闻，但是我不在乎，我认为清者自清。可是，这个事情竟然传到了班主任那里，老师还当着全班同学的面批评我们，说我们"早恋"。我当时非常尴尬，觉得老师太过分了！

成长指南

青春期的男孩女孩几乎都会面临"早恋"的问题，尤其是父母、老师眼中的"早恋"，常常引起各种误会和曲解，也给青少年带来不少困扰。难怪青春期的孩子要发问：男女之间就不能存在纯洁的友谊了吗？孩子，如果同样的情况发生在其他年龄段，就不会存在这样的误解了。青少年们要理解父母和老师的心情，毕竟青春期是一个特殊的时期，在荷尔蒙的作用下，男孩女孩处于情感朦胧的时期，长辈的担心是不可避免的。担心孩子的认知不够，担心"早恋"影响学习和生活，因此，父母会进行阻挠，而这一切的初衷都是为了让孩子健康成长。

如何解决这个问题，关键在于把握一个"度"。当长辈的担忧和疑虑变成过分敏感的怀疑时，就会不可避免地凭空出现"早恋"，而正常的男生女生之间的友情会被无情地阻止且产生隔阂。所以，青春期的孩子们应该知道，和老师和父母进行正面说明和沟通是非常重要的，当他们相信你能够成熟地处理这个问题时，事情就解决了。

第七章

生理变化

欣然接受各种变化,健康而快乐地度过这独一无二的青春期。

为什么脸上会长恼人的痘痘？

孩子的烦恼

我今年13岁，正在读初一。最近真是郁闷，脸上莫名其妙地长出了许多小痘痘，又红又痒。有时候，我会忍不住去挤那些痘痘，原以为鼓起的痘痘会消失，没想到反而变得更大，还化脓了。我都不敢照镜子了。有的同学还嘲笑我，给我起了个"满天星"的外号。我真的很生气但又很无奈。现在的我，很不喜欢大家看到我的脸，所以经常低着头走路，不知道这个痘痘的问题还要困扰我多长时间……

成长指南

很多青少年都有这样的烦恼:"既然给了我美好的青春,为什么又有烦人的青春痘?我能不能只要青春不要痘?"

青春痘虽然挂着"青春"的头衔,但没有人喜欢它。进入青春期,新陈代谢的速度加快,体内荷尔蒙分泌急剧增多,刺激体内皮脂腺分泌出了更多的油脂,因此,很容易出现油脂包堵塞毛孔的情况,逐渐形成青春痘。

青春痘的出现,除了和青春期的生理特征有关,也与平时的生活环境和习惯息息相关。比如,经常熬夜、睡眠不足、压力大、长期心情低落、不良的饮食习惯等。我们虽然不能完全阻止青春痘的出现,但有很多"战痘秘招"可以帮助青少年正确应对青春痘。

(1)保持脸部清爽干净。晚上睡前和早上起床后清洗脸部,避免毛孔堵塞。洗脸后,选择稀薄乳状护肤品进行护理。如果发炎,需要去药店买消炎药膏,涂抹在发炎部位。为避免皮肤化脓发炎,不要用手挤压痘痘,挤压容易导致脓疮破溃,这样的话,有可能会形成疤痕和色素沉着,皮肤也有可能因此变得凹凸不平,影响仪容。

（2）健康的饮食习惯。尽量选择清淡的食物，多吃新鲜蔬菜和水果，多喝水；甜食、咖啡、巧克力等很容易激发油脂，导致内分泌不平衡，刺激皮肤形成更严重的青春痘。

（3）保持良好的睡眠和愉悦的心情。心情好了，痘痘自然也就消失了。痘痘很有意思，你一直和它纠缠，它就会铆足劲和你展开持久战；你不把它当回事了，它就失去斗志灰溜溜地消失了。

身上长毛，是不是一件很难为情的事？

孩子的烦恼

最近一段时间，我发现自己的胳肢窝开始长出一些弯弯曲曲的腋毛，连腿上的汗毛也变得茂密起来。更糟糕的是，那个地方也开始长毛了。身体的变化，让我有点不知所措。我不喜欢别人用开玩笑的语气对我说："小家伙你长胡子了！"这让我感觉自己是透明的，好像他们对我的身体了如指掌似的。我很发愁，难道要用脱毛膏将它们一扫而光吗？

成长指南

进入青春期，孩子突然发现自己从内到外都变了。身上长出了很多毛毛：腋部、腿部、阴部、手臂等都出现了毛茸茸的细毛。"我是怎么了？"很多青少年都存在这样的困惑。这些毛毛到底是怎么出来的？

其实这些毛毛的到来是个好讯号，它告诉你：你在不知不觉中踏上了通往成熟的道路！处于青春发育期的青少年，体内激素分泌不平衡，较高的雄激素水平刺激了毛囊，会使腿上和手臂的汗毛增多，包括腋部、阴部等地方也会长毛。这不是什么病态，是青春期激素内分泌不平衡造成的现象。经过一段时间后，激素的分泌趋于稳定，体毛的生长就会慢慢放缓，但是腋毛和阴毛颜色会逐渐加深、加粗甚至有些弯曲，男生会长出胡子，这些都属于正常生理现象，不必为此烦恼和担心，因为这些变化说明你在外形上逐渐成熟。

另外，也会有这种现象。有的男孩子会注意到，网络上很多勇猛无比的男士，他们有着又浓又黑的腋毛、手臂上的体毛、胸毛，显得很有男子汉气概，这引起了体毛较少的男孩子的羡慕和焦虑。其实完全没有必要焦虑，因为汗毛的浓度和颜色因人而异，它受遗传因素和后天成长环境的影响。

体毛不管是密还是疏都属于正常现象，不会影响自己的生活和学习。男子汉气概不是由体毛多少来决定的，而是责任心和正义感。

有的青少年不喜欢自己身上的毛毛。切记！不要用镊子或手拔，否则会损伤毛毛周边的毛囊，容易引起毛囊炎和皮肤感染。青少年应正确看待自己身上的毛毛，它们的出现是青春期第二性征的表现，不会造成伤害。所以，对于自己突然变成"小猿人"不必有太多焦虑，顺其自然就好了。

身上的汗臭味让我很尴尬，怎么办？

呀！好尴尬！

🐝 孩子的烦恼

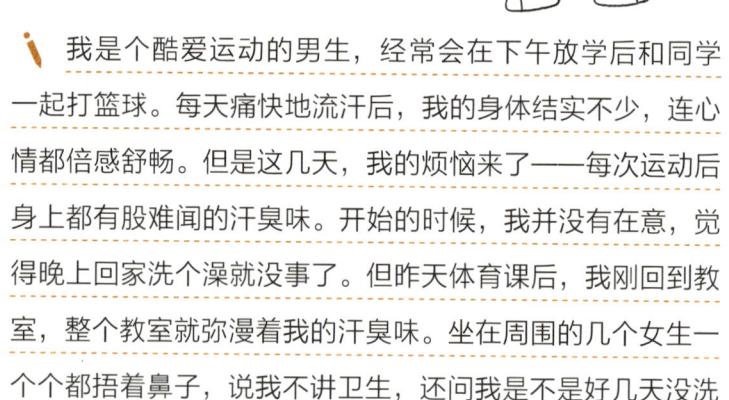

我是个酷爱运动的男生，经常会在下午放学后和同学一起打篮球。每天痛快地流汗后，我的身体结实不少，连心情都倍感舒畅。但是这几天，我的烦恼来了——每次运动后身上都有股难闻的汗臭味。开始的时候，我并没有在意，觉得晚上回家洗个澡就没事了。但昨天体育课后，我刚回到教室，整个教室就弥漫着我的汗臭味。坐在周围的几个女生一个个都捂着鼻子，说我不讲卫生，还问我是不是好几天没洗澡了。我觉得很无奈也很尴尬，现在都不敢随心所欲地运动了。

成长指南

随着青春期的到来，孩子们迎来了人生转折点，有许多惊喜出现，当然也有烦恼。有的孩子发现自己身上有难闻的汗臭味、狐臭味，特别是爱运动的孩子。他们会很自卑，不敢和别人走得太近，甚至认为这是一种虽然不影响健康但又挥之不去的病。

可恶的汗臭、狐臭是什么原因造成的呢？主要是青春期的孩子腺体分泌旺盛，大汗腺分泌出大量的汗液。大汗腺主要分布在腋窝这种不便清洗的地方，大量的细菌会让汗液分泌物分解成不饱和脂肪酸和氨，散发出难闻的味道。出汗是人体正常的新陈代谢，对身体是有好处的，可以将杂质带出体外，还可以调节体温。

青春期的孩子正是爱美的时候，觉得汗臭、狐臭让别人不喜欢自己，但是又不能为此就不去运动，也无法人为地减少或抑制出汗，怎么办呢？其实，只要多注意个人卫生，及时清洗汗液分泌多的地方，就会减少汗臭味。比如，可以锻炼汗腺。夏天在浴室，用43℃左右的热水泡脚10分钟，等汗液从胸、腹、背部流出后再洗澡；洗澡后，喝温开水补充水分。再如，勤洗澡。运动后及时洗澡，不让汗液在身上停留太长时间。这样一来，不会滋生细菌，从而减少汗臭味。总之，只要多注意个人卫生，不让细菌在身体上大量繁殖，就不会被汗臭味所困扰。

如果用上面的方法还无法去除汗臭、狐臭，那就大大方方地去医院咨询医生，医生会根据具体情况帮助你选择治疗方法。

为什么女孩会来月经?

孩子的烦恼

我是一名初一女生,今天早上起床的时候,我发现内裤上沾满了血!这是怎么回事?大约过了 10 分钟,我隐约感觉又在流血。于是赶紧跑到卫生间"观察"一下:真的,流血还没结束。那一刻,我感觉到了害怕和恐慌,担心自己是不是得了什么不治之症。

成长指南

女孩子的身体中有一个器官叫"子宫",它好比一个空房间。成年女性怀孕生孩子时,子宫就是胎儿居住的地方。青春期时,子宫一直处于空闲状态,房间很久不住人就需要打扫,否则就会脏。子宫这个空房间,隔一段时间就要打扫一下。所以,子宫内膜的保护层每隔大约28天就会自动脱落排出,这就是月经。大部分的女孩在11~15岁会经历第一次月经,以后逐渐规律,每隔一个月左右来一次。每个女孩的月经周期都不一样,所以对于月经的到来,应该感到欣喜和高兴,不用担心害怕。月经期间出血时长一般是3~7天,多数人是4~5天,其中第2~3天的出血量会较多一点。

月经初潮时,由于卵巢的功能和调节机制都不稳定,初潮后的一年内,月经不一定非常规律地每月都会来,每次的经血量也不一样,这都是正常现象。从不规律到规律大概需要两年时间。月经期间,会感到不同程度的下腹胀痛或腰腹酸痛,这是因为子宫内壁的肌肉会不断收缩,以便更好地排出萎缩脱落的子宫内膜和经血。这些不舒服的症状,在月经后期就会缓解。如果月经期间感到腹痛,最简单的方法就是多喝热水或温热的姜糖水,也可以在腹部放热水袋热敷。切记！不可吃寒凉食物，不洗冷水澡。

月经期间可以上体育课吗？月经不但不影响日常运动，而且，适量的运动有助于缓解疲倦，带来好心情，减轻经期的不适感。但是，运动时要注意3个方面。

（1）注意控制运动量，尽量避免长跑、跳跃、仰卧起坐等。

（2）运动后要注意保暖，避免运动后因大量出汗而受风着凉。

（3）如果在运动过程中感到头晕、恶心、心慌等，立即停止运动。

在月经来潮前两天或月经期间，除了身体的不适外，还会出现不同程度的情绪波动，如情绪低落、心烦意乱、爱发脾气、注意力不集中等。

保持经期愉快的3个秘诀如下。

（1）尽量减少不良情绪的刺激。

（2）学会自我情绪管理。

（3）保持健康的饮食习惯。

为什么床单上湿漉漉的？

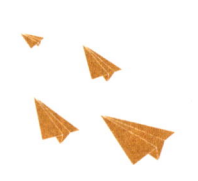

这是怎么回事？？？

孩子的烦恼

有天半夜醒来，我发现内裤湿了，还以为是自己尿床了，可是摸了摸床单，感觉不像是尿，手上还沾到了黏滑滑的东西。我觉得有点丢人，偷偷起床洗了床单和内裤。但是，没过几天这种情况又出现了。我很怕被妈妈发现，也不好意思问爸爸……

成长指南

遗精指的是精液自行泄出的现象，通常发生在睡梦中，一般是在 14 岁以后。用科学的眼光看，遗精是正常的生理现象。遗精分为两种情况：生理性和病理性。如果一周两次或更长时间出现一次，身体没有任何不适，就属于生理性遗精。生理性遗精对身体没有任何损害，不影响学习和生活。如果遗精过于频繁，一周数次或一天数次，在清醒状态下因为性意念而引发遗精，则属于病理性遗精，需要及时接受相应的治疗。

遗精并无规律，不是每个青春期的男孩都会遗精。曾经有人做过调查，高达 90% 的男生发生过遗精，所以遗精不是不道德的事情，不需要遮遮掩掩，更没必要恐慌。遗精不是一件坏事，相反，它对逐渐成长的男子汉还有好处呢。

遗精可以解除体内的紧张，让男孩在心理和生理上找到平衡，同时，遗精有助于男孩的性别分辨和认同，遗精现象的发生说明男孩开始走向成熟。

虽然遗精是正常现象，但是，也需要了解相关的保健常识，从而更好地保证性发育的正常进行。

（1）正确认识遗精现象，不必忧心忡忡地让自己有精神负担。

（2）睡觉时采取侧卧位，避免仰卧，减少手或被子对生殖器产生压力。

（3）尽量不要穿过紧的裤子。裤子过紧，生殖器容易受到刺激，会因引起性兴奋而遗精。

（4）养成良好的生活习惯，不接触烟、酒等。

（5）消除杂念，不看不健康的书刊、电影、视频。

（6）睡前尽量不洗热水澡，条件允许可选择温水，降低性神经的兴奋度。

进入青春期后，要及时关注自己的身体状况，不要随意听信他人不正确的说法。遗精让男生走向通往成熟的大道，曾经阳光的你依然会自信地走下去。

第八章

品德修养

品德修养是一个人内在的力量和魅力,它决定了一个人的人生高度。

同学说谎了，我要告诉老师吗？

> 她说谎！我要告诉老师吗？

孩子的烦恼

上个月，同学小丽邀请我一起去学校图书馆借书。我们在图书馆看了一会书后，每人都借了两本书回家。前两天，老师找到小丽，说她有一本书到期了没有还，小丽告诉老师说她已经还了。后来，她偷偷告诉我她不小心丢了一本，因为担心受到责备所以选择撒谎来逃避责任。她还嘱咐我，万一老师问我的话一定要帮她，就说是和我一起去还书的，让老师觉得她确实是还回去了。我现在很困扰，一方面，我不想看到小丽因为说谎受到惩罚，更不想替她撒谎；另一方面，我也知道说谎这个行为很不好，我不想纵容这种不诚实的行为。现在的我有点纠结，如果告诉老师实情，小丽肯定会恨我的。我该怎么办？

成长指南

如果你帮好朋友说了谎，表面上好像是帮了好朋友，得到了她的信任，让她免受惩罚，实际上，这种行为害了她也害了你自己。这种行为不叫"帮忙"，而是"义气"，就是只讲友情，不讲是非，很容易导致朋友间互相包庇，助长不良行为的发生，许多青少年因此误入歧途。

诚实是衡量一个人品行的一把尺子。诚实不仅是一个人品行的证明，同时还能让人树立起对学习、朋友和社会的强烈责任感。不管时代怎么发展，社会怎么变迁，青少年都不要忘记：诚实是做人的根本，要获得别人的尊重与信任，首先要诚实。欺骗别人的人，最终会被识破、疏远，遭到鄙弃。

诚实的品质如何培养？从生活小事做起，建议做到以下

3个方面。

（1）树立诚信意识。真诚待人，说老实话，办老实事；不轻易许诺，许诺的事要做到，做不到要说明原因，否则就会给人留下不诚实的形象。

（2）提升思想修养。想要让自己拥有诚实的品格，除了内心树立观念外，还要多读好书来提升个人修养和思想境界，让自己的所思所想所行都能够达到预设的目标和要求。

（3）约束个人行为。一个人一旦行为举止不当，很容易越来越走下坡路。所以在日常生活中约束好自己的行为，做到举止有度，讲礼仪、讲诚信、不触犯法律等。

如何真正帮助到小丽呢？正面和小丽表达你的感受和建议，比如："小丽，谢谢你对我的信任，我能理解你的担心。但我觉得说谎这种方式不好，我可以帮你一起再找一找，或者我陪你一起找老师说明情况，老师一定可以谅解的。如果老师要求买一本赔偿，我们一起想办法，我会和你一起解决这个问题的。"如果小丽不答应你的解决方式，那么，你需要重新思考自己挑选好朋友的标准了。

跟父母顶嘴，是不孝吗？

> 顶嘴完后，我会自责……

孩子的烦恼

我最近心情不太好，总是惹得妈妈不开心。每次都是因为一些小事情跟妈妈意见不合，和妈妈顶嘴。其实我也不想这样，但是情绪一上来就控制不住。最近一次是因为我感觉没什么胃口，不想吃晚餐，可是，妈妈一直在旁边念叨"不管怎样都要吃点"，我实在听得不耐烦就顶了她一句。语气很不好的我，看到妈妈失落的样子，非常自责。我知道妈妈是为我好，希望我好好吃饭，身体健康，但是，我又不知道怎么表达才能让她听听我的想法。爸爸说我跟大人顶嘴就是不孝。我是不是一个不孝顺的孩子呢?

成长指南

　　青春期的孩子有莫名其妙的情绪很正常,重要的是如何去表达自己的感受和需求。比如,晚餐没胃口不想吃,你可以正向表达:"妈妈,你是怕我没吃晚餐对身体不好,你是爱我的。但我现在实在是没胃口,真的不想吃。等我饿的时候自己来吃,可以吗?"相信妈妈是可以接受你正向的表达的。经常惹妈妈不开心只会让家里没有温度,而顶嘴之后你又会觉得自己不孝顺,是不是很内耗呢?

　　中国有句老话"百善孝为先",孝敬父母是传统美德。社会主义核心价值观里所说的友善,首先要爱自己的父母,才有能力去爱他人、爱集体、爱社会。父母的爱是永远不会消逝的,不会因为时间的推移而有丝毫改变,也不会因为你语气不好而有丝毫减弱。父母的爱像一块无瑕的宝石,历经时光的冲刷,依然晶莹剔透、璀璨夺目。

　　孝顺父母时,态度是最重要的,也是最难做到的。所以,孝顺要发自内心,态度一定要诚恳。只有这样,父母才能感受到孩子的爱，才能享受到孩子带给他们的幸福。"树欲静而风不止，子欲养而亲不待"，父母不需要你给他们多么丰厚的物质，他们需要的是精神上的慰藉，是口渴时孩子递过来的一杯茶，是寂寞时的陪伴，是生病时给予的问候和关心。如果父母疲惫不堪，让孩子帮忙倒杯水，孩子倒水后拉着脸，将茶杯往桌上随手一放，口气冰冷地说"给"，父母心里是什么感受呢？

有一位诗人曾经说过："人类的美是以爱来呈现的，孝顺感恩的心灵是人类最美丽的种子，它发芽后开出最美的爱之花，结出最美的爱之果。"

如何培养自己的勇气？

我想当班长！

孩子的烦恼

我的性格偏内向，平时不太善于表达自己。在学习上，我还是很努力的，成绩也还不错。最近班里要选班干部，以往我都没有尝试过竞选，但是这次我很想突破自己尝试一下。每当看到同学们一个个自信满满地走上讲台，发表自己的竞选宣言时，我内心充满了羡慕。其实我也有很多的想法和计划，但是总担心自己说得不好，会被同学嘲笑。我也很怕站在讲台上，害怕众目睽睽之下发表演讲，担心自己会紧张得说不出话。我试着写下演讲内容，打算背下来，但是我依然没有勇气,我真的好想突破自己啊。

成长指南

海明威的《老人与海》中那句"一个人可以被毁灭,但他永远不会被打败!"令人振奋。的确,一个不丧失勇气的人是永远不会被打败的。有勇气的人,有压倒一切的信念,相信自己可以面对一切困难,处理一切障碍,甚至能控制任何局面,敢于穿越重重险阻,历经磨难,走向成功。胆小害怕并不是不可战胜的,只要青少年能积极行动起来,有意识地挑战自己,它并不会成为青少年前进的阻力。

历史书中更是记载了许许多多有关勇气、胆量、坚定和克服磨难的故事。中国有句古话叫"狭路相逢勇者胜"。而人的勇气和胆识是在屡败屡战中锻炼出来的。鼓足勇气,直视困难,你会激发出抵抗逆境的强大力量。勇敢的态度,无论对事对人都有极强的穿透力,这是每个人都需要的。

下面为青少年提供几条"培养勇气"的建议。

(1)学会独立生活,不依赖他人,比如,深夜独自上厕所、做自己力所能及的事情等。

（2）尝试一些需要胆量的事情，比如，为同学唱一首歌、在公众面前训练演讲、学习游泳、参与"野外生存"活动等。

（3）多接触勇敢的同学，模仿他的言行举止，锻炼自己。

（4）每天写成功日记为自己打气，并告诉自己"我能行！""他能做好，我也可以！"。

青少年，相信相信的力量！按照培养勇气的建议锻炼自己，不久的将来，你会活出精彩的自己，绽放的自己。

同学的糗事,我可以取笑吗?

孩子的烦恼

我前排坐着一个男生,他经常会在班里做出一些很无厘头的事情。比如,前两天他准备擦黑板,不知道什么原因,一脚踩在了自己的裤子上摔了一跤。他瞬间脸红了,但是应该摔得不算严重,因为他很快就爬了起来。他那个样子真的好好笑,很多同学都忍不住笑出了声,我也是。还有同学立马开起了玩笑说:"他这是要急着去干吗?"其实,我也很想调侃他一下,因此,我也附和了几句。实际上,我并没什么恶意,就是觉得挺搞笑的。而且,看他的样子好像对于别人的调侃也不在意。我不知道我这样算不算取笑他，这样做是不是合适呢？

成长指南

"给别人一次面子，你可能会多一个朋友；驳别人一次面子，你可能会少一个朋友。"在同学面前摔倒了，对于青少年来说是很没有面子的事情，而且，你也是因为觉得搞笑而去调侃他，这样做肯定是不合适的。换位思考，如果你出糗时同学调侃你，你内心的感受是什么呢？同学之间应该和善，站在对方的立场去帮助他化解尴尬。

面子是一个人表面上的荣誉感，一种自尊心的满足。青少年对面子有一种本能的维护，对于伤害自己面子的人有一种本能的敌意，同样，对于维护自己面子的人有本能的好感。人都有失误的时候，及时帮助他，给他友善的目光，他也必定对你心存感激。如果你肆意调侃，让对方下不了台，他也许会疏远或讨厌你。

生活中，青少年怎样才能做到给别人面子呢？

（1）在关键时刻和重要场合为同学或朋友捧场。

（2）遇到分输赢的场合，懂得手下留情，得饶人处且饶人！

（3）真诚地赞美别人。"良言一句三冬暖，恶语伤人六月寒。"要学会适时地给他人一句赞美，对方一定会非常开心，他的内心会充满力量，因为赞美的力量是无穷的。

（4）讲究批评别人的方式，给人留面子。不要在公众场合或第三者的面前批评别人，同时在批评别人之前，先肯定一下对方的优点和长处。

（5）不揭人之短，不笑人之丑。每个人所处的角度不同，对同一事物的理解是有差异的，说话要讲究分寸。

成绩好就代表什么都好吗？

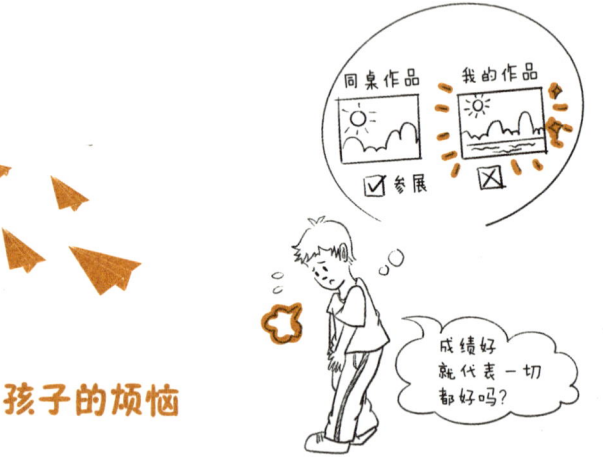

孩子的烦恼

今天在学校和同桌发生了矛盾。因为上课时，我的笔掉到了地上，捡笔的时候，我不小心撞到了同桌，同桌因为这个大声吼我，我道歉也没用。老师过来批评我，大部分同学都觉得我不对，唉！不就因为同桌学习好，而我成绩平平吗。难道成绩好就是好孩子而成绩差就是坏孩子吗？就像上周的美术参展，明明是我的作品更漂亮，最后参展的却是同桌！

成长指南

孩子，最近发生的事让你内心产生了"成绩好做什么都是对的，而我是差生，做什么都是错，好事也不会轮到我"的不平衡感，但是，我要告诉你的是：成绩好就是好孩子，这种看法失之偏颇，很容易陷入消极心态的恶性循环中。

首先，我们来找找原因。站在同学的角度，上课时正在专心致志地听课，突然被撞了一下。如果是你，你是不是会因为受到惊吓而条件反射般地做出类似的行为？站在老师的角度，正在用心用力地讲课，突然被打断。如果是你，讲课被干扰，思路被打断，是不是也会批评学生呢？

其次，我们再来讨论"什么是好孩子？"。很多家长觉得听话和成绩好的孩子才是好孩子，但是，成绩不是评价孩子的标准。一个优秀的孩子是综合能力的内外兼修，内在要培养良好的品质，比如，上进心、自信心、自尊心、责任心、自控力等。同时还要训练独立的能力，比如，人际交往、思考分辨能力、为人处事……

最后，回到解决问题上，给你3点建议。

1. 调整心态

这件事确实是自己干扰了同桌，自己要承担哪些责任？而挑选画展作品，老师一定是综合考虑过的，你也可以找老师具体了解一下，自己的画作哪些方面可以再优化。

2. 换位思考

把自己从"受害者"的身份切换到"责任者"的身份，站在对方的角度看待问题。如果你是同桌，你自己会不会很生气，会不会大声吼叫？如果你是老师，你会不会希望学生安静听讲？

3. 直面问题

碰到问题并不可怕，总结经验才能更好地进步。掉笔事件除了向同桌道歉，还要培养自己的好习惯，包括上课遵守纪律的习惯、遇到事情以积极的心态思考的习惯等。

第九章

校园霸凌

霸凌的方式有很多种，除了肢体上的暴力行为，还有心理霸凌、精神霸凌、言语霸凌等。

让我们一起拒绝霸凌，让爱在心中流淌。

在学校被同学孤立怎么办？

孩子的烦恼

我性格开朗，平时跟同学相处也算融洽，可是最近，我特别烦恼。有一天，我无意间听到班里的王君和其他几个同学窃窃私语，似乎谈论到了我。之后，我发现以前对我很热情的几个同学都有意无意地疏远我。我主动打招呼，他们却爱理不理的。于是，我私下找到其中一个同学问原因。原来，是王君诬陷我在背后总是说她的坏话，诋毁她。我真是气不打一处来，因为我从未说过她的坏话，更别提在背后诋毁她了。我也不知道哪里惹到她了，导致现在越来越多的同学孤立我。

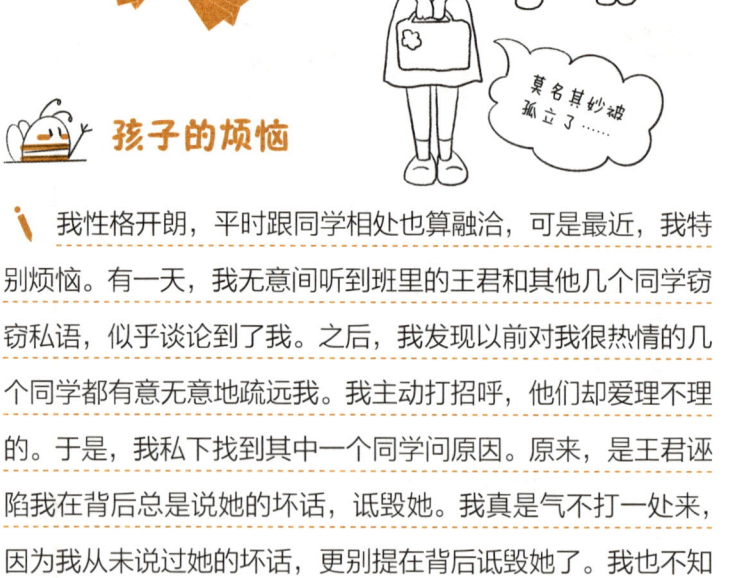

成长指南

无缘无故被同学孤立确实很恼火，肯定非常生气，何况是这种"莫须有"的罪名。但是，如何解决问题才是关键。如果没有解决好，可能会影响人际关系和自信心。青春期，同学做出一些让你无法理解的事情很正常。如果你总是无法释怀，从而不与他人交往，显得心胸狭隘，自己也会陷在情绪中无法自拔。这样做，对自己也没有什么好处。那应该怎么解决问题呢？

首先，心态平和。记得人生三件事："自己的事，全力以赴；别人的事，尊重理解；老天的事，接纳臣服！"学会宽容不计较，时间会证明一切。人只有经历了风雨，才能领悟到人生的苦与乐，才能明白人生中应该学会什么、忘记什么、原谅什么、放弃什么。当然，宽容也要讲究度，宽容不是妥协、不是忍让、不是迁就。

其次，自我成长，吸引更优秀的朋友。"近朱者赤，近墨者黑"，想要自己变优秀，就要靠近优秀的人，远离负能量的朋友，朋友间的影响是无形而巨大的。当然，要与优秀的人在交往中产生共鸣，碰撞出心灵的火花，需有个人修养做基础，这就需要自己时时修炼和完善。与优秀者交往要注意如下事项。

（1）保持谦虚、谨慎，千万不要自大和骄傲。
（2）多向优秀者请教和询问，借鉴他们的智慧和经验，让自己成长。
（3）要自尊自爱，不卑不亢，不恭维，不奉承。
（4）多了解优秀者的良好品德和做事习惯，努力学习。

作为青少年的你，现在的目标就是成为一个更加积极向上和更有魅力的人。经过一段时间的努力，你会发现自己吸引了很多的优秀者来到身边。

最后，如果你一直保持平常心与人交往，对方还经常诋毁你，这时，你需要向家长或老师求助。祝福你，成为更优秀的自己！

同学给我起外号怎么办？

孩子的烦恼

我是一名初一的女生，我很努力地学习，也很想考一个好成绩，但是好像很难突破，每次考试，我总是成绩平平。看到课间还在努力学习的我，同学们有时候会取笑我说："你这么刻苦，肯定可以考个第一，倒数第一！"甚至，还有同学给我取外号叫"倒数女王"。这个外号像一根刺，深深地扎进了我心里。每当同学这样叫我的时候，我的脸都会涨得通红，心中充满了难过和羞愧。我试图忽视这些外号，但是很难做到。我开始怀疑自己的能力，甚至产生了逃离学校的念头。

成长指南

亲爱的孩子,老师特别理解你被人取外号时那种难受的感觉。青春期的孩子非常敏感,也很在意周围人对自己的看法。而学生时代,学习成绩还是衡量学生的标尺之一。成绩较差的孩子,会产生自卑的心理,害怕被人歧视,这是很正常的心理。

为什么会产生这种心理呢?由于青春期孩子的自卑感。进入青春期,孩子们就更关心自我价值,关心别人是否注意自己。他们希望别人对自己刮目相看,而学习成绩成为大家关注的重点。成绩差就会产生自卑心理,同时,对于外界的评价也更加在意,自尊心更加容易受到伤害。这种自卑心理也是自信心不足的一种体现,面对困境时,会产生逃离学校的念头。要改善这种窘境,可以尝试以下几点建议。

(1)改变对待考试成绩的心态。考试成绩只是对一段时间内学习成果的检验,只是用来考核知识点有没有掌握。同时,学习成绩的好坏不仅与努力有关,还与学习方法、学习能力有关。要分析自己具体是在哪方面出现了问题,提升和训练薄弱的环节,从而提高自信心。

（2）忽略同学取外号这件事。有时候，同学起外号只是因为他们不理解别人的个性特点。如果不去回应这些外号，同学可能会失去兴趣，不再继续了。

（3）直接和对方沟通。如果这个"外号"对自己造成了伤害，可以用正向表达（谈事实、说感受、说需求、请回应）的方法和对方沟通，如"某某同学你叫我'倒数女王'让我很不舒服，请你以后不要再这样叫我了"。

（4）寻求帮助。如果直接沟通无法解决问题，我们可以去向老师或者长辈寻求帮助。

（5）增强自信心和自尊心。可以通过每天写成功日记和培养好习惯，找出自己身上的三个优点或者从多做力所能及的好事开始。

被同学诬陷怎么办？

> 明明不是我做的！

孩子的烦恼

我性格比较内向，在学校也不爱讲话，平时不擅长和人交流，成绩也仅是一般。有一天，班里发生了一件奇怪的事情——小华的一本课外书不见了。他到处问同学有没有看到他的书，大家纷纷说没有，只有我没说话。于是，他立刻指着我对大家说，肯定是我偷的，说我就是个小偷。我当时就懵了！难道就因为我没主动说一句"不是我拿的"，就被当成小偷了？我明明没有拿他的书，甚至连看都没看过，他却这样无端诬陷我。我感到特别委屈，找他解释他也不听，还

联合其他同学一起排挤我。现在的我孤独又无助,不知如何是好。

成长指南

青少年是最朝气蓬勃的一个群体,是最敢作敢当的一个群体,也是最敏感多疑的一个群体。青少年最在意别人对自己的看法,他们渴望被理解,害怕被误解,但是误解又会经常发生。如果被误解了,不要过于焦虑,也不要抱怨对方,真诚地向对方解释清楚,用实际行动改变自己的形象,让对方了解真实的自己,学会用积极的心态与人沟通。

良好的沟通让你的人际关系变得融洽。青少年要拥有良好的沟通品质,先要培养四大能力。

(1)培养自我认识的能力。青少年要对自己有一个客观的了解,清楚自己的优点和不足。有优点不骄傲,有缺点不自卑,这样,遇到困难时才不会心理失衡。

(2)培养良好的自控能力。培养管理好自己情绪的能力,学会用和平的方式解决问题。当矛盾产生时,避免出现攻击行为。

（3）培养自我解压能力。因为生活经验不足，青少年承压能力有限，遇到矛盾时，就会产生很大的压力。要学会释放压力，懂得宣泄和放松，保持心理平衡和良好的心态，才能冷静地处理问题并保持愉快的心情。

（4）培养有效解决问题的能力。当矛盾和冲突无法避免时，学会应对的技巧和方法。青少年要积极主动地寻求解决问题的突破口和方法，学会主动与对方沟通，要把自己从问题中解脱出来，实现与对方友好共处。

得了奖为什么却换来同学的恐吓?

孩子的烦恼

最近,我在一场数学竞赛中获得了优异的成绩,得到了学校的表彰。我的数学老师很开心,在班里对我进行了夸赞和奖励。但是,我发现同学们对我的态度变得奇怪起来。有些同学开始故意疏远我,甚至还有人在背后说我的坏话。更让我害怕的是,前两天还收到了一封恐吓信,信上写着:"别太得意了,小心我们收拾你!"我感到非常害怕和无助,不明白为什么自己得奖了,为班级争得了荣誉,却换来这样的结果。难道我哪里做错了吗？

成长指南

　　孩子，你没有做错，有句话说"每个人都希望你过得好，但不希望你过得比他好"。校园里有时会出现恶意攻击的事件，有人会用语言或行动来攻击别人。如果过于优秀，就有可能被恶意攻击。所以，优秀的青少年要清楚这是出于他人的嫉妒心理，不能为了避免恶意攻击而拒绝优秀。青少年都有很强的好胜心理，都想成为老师、家长、异性心目中的优秀者。但是"尺有所短，寸有所长"，每个人的特长不一样，受关注的程度也不一样。同学之间的嫉妒再正常不过了，青少年存在恶意攻击现象，大部分是出于嫉妒。比如，你得奖了，受到学校的表彰、老师的奖励，对此，有的同学就会嫉妒，他们想让你出丑，会恶意攻击。如何解决这个问题呢？

　　（1）保持自己的优秀，不要让恶意攻击变成你成功的阻力。
　　（2）反思一下自己这段时间哪些地方太过招摇而引起

了同学的嫉妒，有则改之，无则加勉，让自己成为更优秀的人。

（3）做一个宽容的青少年，要足够包容，从而沉稳地解决问题。相信沉稳、宽容的青少年一定会有很多好朋友。

（4）调整心态，继续好好学习，做一个有责任心的人，做自己应该做的事。

（5）找到一两个关系比较好的同学，真诚地把你遇到的事情告诉他们，让同学帮你找出别人嫉妒你的原因。

（6）多向人缘好的同学学习。学习他们的长处，学习和不同个性的同学打交道，并真诚地接纳他们。

（7）多参加活动，为集体做些有意义的事情。把这份价值贡献给全班同学，带同学们一起做阳光青少年，一起焕发出青春的光彩。

如果这时出现恶意攻击的过激行为，就要提防了，他们有可能会出于嫉妒而殴打优秀者。这个时候，务必要告诉父母和老师，将这种行为扼杀在萌芽状态，确保自己的人身安全。

我没错，为什么被围攻？

孩子的烦恼

平时，我很喜欢收藏一些小玩意，我收藏的玩具和书籍都是我的宝贝，我不愿轻易借给别人。有一次，我带了一本最爱的书去学校，打算课间看。结果同桌林桑看到了，他两眼放光地说在图书馆找这本书很久都没找到，希望我能借他几天。我犹豫了一下，最后还是拒绝了。看得出来，林桑很生气，但是我也没在意。没想到，这件事很快在班里传开了。大家纷纷议论，说我是个非常小气、非常自私的人。我认为，我有权利决定借不借属于我的东西，难道这样有错吗？为什么大家都要围攻我？

成长指南

青少年，同学向你借书，而你不想借，这是你的权利，你有权决定是否借出自己的物品。如果对方因此而围攻你，这是他们界限不清的行为，你不应该为此而过分困扰或生气。

以下建议，可以帮助你处理这种情况。

（1）保持冷静和礼貌。不要因对方的言语或行为而做出过度反应，保持冷静和礼貌是最重要的。

（2）解释原因。你可以简单地告诉对方，为什么你不能借给他们。比如，你可以解释说："非常抱歉啊，这是我珍藏的书籍，我自己定的规矩是不外借的。"

（3）避免争吵和冲突。尽可能避免与对方争吵，避免让事情更加复杂和糟糕。

（4）寻求他人帮助。如果对方的言语或行为非常不尊重或有攻击性，你可以寻求父母或老师的帮助。

另外，也和你聊聊"关于分享"的话题。如果有7个苹果，你想自己每天吃一个，一周吃完，还是分给其他6个同学，每天吃到不一样的水果？分享是一种理念，也是一种双向沟通。彼此相互给予，才能共同拥有，可以分享快乐、想法、经验，也可以分享物品。善于分享的人更受同学的欢迎。如果不懂得与人分享，那该多么无趣啊！分享是互利的、共赢的，聪明的人都愿意分享。因为分享，会有更多朋友，而朋友多了会更快乐，会感觉更充实。青少年，如果你已经做好了准备，就请分享吧！

看到同学被霸凌，我该怎么办？

孩子的烦恼

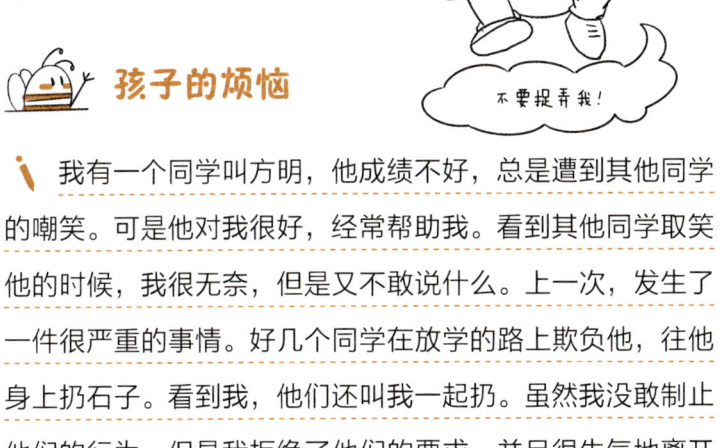

> 不要捉弄我！

我有一个同学叫方明，他成绩不好，总是遭到其他同学的嘲笑。可是他对我很好，经常帮助我。看到其他同学取笑他的时候，我很无奈，但是又不敢说什么。上一次，发生了一件很严重的事情。好几个同学在放学的路上欺负他，往他身上扔石子。看到我，他们还叫我一起扔。虽然我没敢制止他们的行为，但是我拒绝了他们的要求，并且很生气地离开了。没想到第二天，那几个欺负方明的同学开始有意无意地捉弄我，还特意在我放学回家的路上等着我，对我说些很难听的脏话。对此，我非常气愤，也很害怕。我该如何是好？

成长指南

青少年，你莫名其妙被卷入霸凌的事件中，因拒绝霸凌反被欺负，为你不恃强凌弱的品质点赞。不要害怕，要相信邪不胜正。面对自己拒绝参与霸凌却成为被霸凌对象的情况，可以采取以下措施。

（1）学会独立解决问题。如果发现自己受到不公正对待，需要学会独立解决问题，包括学习如何与人沟通、如何处理冲突和如何维护自己的权益。

（2）寻求帮助。如果无法独自应对，可以向家人、老师或专业人士寻求帮助，与信任的人分享自己的感受和经历，他们提供的支持或帮助可能会帮你找到解决问题的方法。

（3）保持积极的心态。努力保持积极的心态，避免自我孤立或封闭；尝试参与社交活动，与他人建立良好的关系，这有助于增强自信和提高应对困难的能力。

（4）宽容待人、与人为善。宽容不是软弱的象征，而是建立在自信、助人基础上的适度宽大。所谓"大事讲原则，小事讲风格"，在我们短暂的生命历程中，要学会宽容，自己的人生将会更加快乐。

第十章

安全保护

安全意识,要随时随地、时时刻刻贯穿在日常生活中。

青少年更要掌握一些最基本的自我保护常识,学会保护自己。

怎么舞好网络这把"双刃剑"？

🍰 孩子的烦恼

> 经过老师同意，我们班同学建了一个微信群。在群里，大家可以畅所欲言，可以分享学习经验，倾诉烦恼，还可以互相推荐书籍、电影、美食等。班里大部分同学都进群了，我当然也想进群，可是爸妈认为那样会影响学习，还容易接触不健康的信息，说什么都不同意我进群。我很无奈，为什么一提到网络，爸妈就会联想到一些不健康的信息呢？爸爸自己不是经常利用电脑查资料，妈妈不也经常网上购物、看

视频吗？怎么我上网就不好了呢？

成长指南

青少年正处在青春期，这个时期的你们渴望友谊和交流。网络聊天给了你们倾诉的空间和对象，同时，网络游戏也提供了放松休闲的空间。但是，网络也有陷阱。对于天真单纯、涉世未深的青少年，特别是对一些自制力较差、充满好奇心的青少年来说，很容易沉迷于网络，导致网络成瘾，对自己的身心健康造成伤害。网络使用得当，确实受益匪浅，但若不能合理使用，的确会毁了一个人。特别是青少年还处在发育阶段，自控能力弱，所以使用网络应当谨记以下几点。

（1）规划使用网络时间。在使用网络时，我们要规划上网时间，比如，周一到周五，建议在晚上使用网络，时间控制在30分钟以内；周六周日因为不用上学，上网时间可以适当延长些，但也不能过长，一般一小时为宜。

（2）只在网上学习，不去浏览不良信息。使用网络时，只学习有用的知识，不要点开浏览一些不良网站，特别是一些弹窗出来的不良信息，切勿浏览。

（3）上网时，不要轻信网友，不要随意约会网友。在网上，不要随意、泛滥地与网友聊天。聊天时，如果发现此网友有问题，果断拉黑，不再联系，更不要随意约会网友。

（4）要懂得保护个人隐私。上网时，不要随意披露自己的个人信息给别人；当一些网站或是网友索要个人信息时，你要学会拒绝。

（5）要懂得咨询父母、长辈和学校老师。上网时，遇到一些自己不能处理，或是不能决定的事情时，要懂得咨询父母、长辈或学校老师。比如，登录网站，进行一些操作，需要录入详细、真实的个人信息时，一定要及时咨询，不要随意填写。

我该不该相信网友的话？

> 他说会给我返很多钱！

孩子的烦恼

我喜欢上网，不过与其他同学不一样，我喜欢的不是游戏，而是研究电脑技术。最近，我认识了一个很厉害的网友，他自称是黑客，我很崇拜他。可是有一天，他让我在银行开个户，在里面存 500 元，说是这样可以修改银行账户程序，存很多钱在我的户头里。我只是个初中生，零花钱很少。我在想，如果他真地能给我很多钱，那我就可以买很多东西了。我把这个事情告诉了一位好朋友，他说有可能是骗人的，是网络诈骗。我不知道该不该相信那个网友。

成长指南

网络使人与人之间的交流变成了"人机模式",让一些不怀好意的人更加隐秘地掩盖事实,诱使阅历不深的青少年上当受骗。网络诈骗的陷阱,大部分以虚假的利益为诱饵,骗取别人的钱财。所以,青少年在浏览网页、网上交友时,如果对方要求你汇入金钱,承诺会获得巨大利益,就要警惕这是陷阱,不要因为贪图蝇头小利,过分相信对方而受害。对"网上掉馅饼"的事情要慎之又慎,同时,还可以向公安机关举报。

青少年上网需要注意的问题有以下几种。

(1)网络拍卖欺诈。以虚拟市场为诱饵,放出大量的拍卖信息,消费者支付后,得到的往往是低价值商品甚至可能什么都没有。

(2)高价回收骗局。介绍某个产品非常好,有高额利润回报,要求参与者花巨资买回资料或产品,他们负责回收,但回收时却消失不见或以各种理由拒绝回收。

(3)利用特殊软件,进入一些网络游戏群,发布虚假的中奖信息,并声称获此奖项者必须先缴纳手续费,并将手续费汇入他们提供的银行账户上。遇到这种情况，一定要拒绝。

（4）收发电子邮件赚钱。以赚钱为诱饵，让你投资，诱惑你投资后，就消失得无影无踪了。

（5）非法集资。在邮件里告诉你，三天内复制此信息发给多少人，寄去一点小数额的钱，列出计算方法，告诉参与者不久就会获得一笔可观的收入。

（6）点击广告条。上网时，打开广告商提供的广告条，在浏览网页时阅读广告。广告商会根据你电脑上显示的时间或点击次数，支付一笔报酬给你。但是，后续通常没有下文。

网络诈骗的方式多种多样，还有"创业机会""连锁店""家庭代加工""免费赠品"等，对此，不听、不信、不贪、不转账即可。最后，送给青少年几句话：网络诈骗无处藏，慧眼识破不迷茫；未知链接不要点，个人信息不透露。一切以安全为重，防骗拒损从我做起！

在野外迷路了该怎么办？

孩子的烦恼

去年暑假，我和几个朋友一起进行了一次户外探险。我们把目标选定在附近郊区一座海拔 800 米左右的山上。进入景区后，大家一致认为，既然是探险就应该不走寻常路。正好看到一条路旁摆着一块牌子，上面写着：禁止通行。于是，我们决定冒险走这条被禁止通行的路。走进去没多久，我们才发现原来这条路还没有修好，到处坑坑洼洼，而且植物很多，岔路也很多。我和他们几个走着走着就走散了，我想打电话找他们时，发现没信号。这时候我开始慌了，心里充满恐惧。最后，我花了很长时间才走出去，下次再也不敢这么走了。现在的我，对于外出游玩都充满了恐惧。

成长指南

青少年和朋友到户外探险旅游，本是增长见识和培养团队精神，以及提高解决问题能力的好方法。但是，不应该去禁止的地方，因为迷路找不到同伴等情况危险异常。如果在探险途中迷路了，该如何求救？

（1）发现自己迷路之后，立即原路返回，争取回到原来的地方，不要心存侥幸去尝试其他的路线。

（2）国际通用的山中求救信号是哨声或光照，每6分钟吹响或闪照6次，间隔一分钟后，重复同样的信号。

（3）如果有火柴和木材，可以点起一堆火。火燃起来后，加湿枝叶或青草，让它产生大量的浓烟。

（4）穿颜色鲜艳的衣服和帽子。用颜色最鲜艳、最宽大的衣服当旗子，不断挥动。

（5）用树枝、石块或衣服等物在空地上砌出"SOS"求救字样，每个字最少长6米。如果有雪，在雪上踩出这些字。

（6）看见直升机来山上救援而飞近时，借助浓烟，让救援者准确掌握停靠位置。

探险时，一定要带上哨子、打火机、手电筒等物品。青少年朋友欣赏山水美景的同时，一定要注意安全。

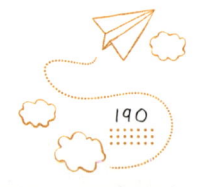

放学路上被人跟踪怎么办？

心里毛毛的……

孩子的烦恼

每天放学回家，我都要独自走一段大概 15 分钟的路程。晚自习结束都 9 点多了，虽然晚上回家的路有些昏暗，但我从来没有害怕过。直到有一天晚上，我发现有人在跟踪，回头看了三次，我发现都是同一个人。当时，我心里有点害怕，同时也很疑惑他为什么要跟踪我。我加快了脚步，发现前方不远处还有一个便利店在营业。于是，我走进店里买了吃的坐下，用电话手表给爸爸发了消息，爸爸让我在店里等他过来接我。爸爸过来的时候，我发现那个跟踪我的人不见

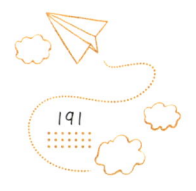

了。但是,我心里仍然有些害怕,万一以后再碰到这种情况该怎么办?

成长指南

陌生人尾随,多数情况下是有预谋的,也可能是自己身上存在某种诱因。尾随的目的一般有两种:一种是尾随到偏僻的地方,寻机下手进行抢劫、绑架;另一种是尾随到家,乘机进行入室抢劫等犯罪活动。你在碰到疑似有人跟踪的情况下,懂得发消息向爸爸求救非常正确。如果以后再碰到这种情况怎么办?下面几点可能会帮到你。

(1)发现自己被跟踪,不要惊慌,保持清醒的头脑,根据自己的体力、心理状态、周围情况、对方的动机等,积极寻找解决方法。比如,向附近的商店、繁华热闹的地段跑去,人多的地方,一般人不敢轻举妄动;还可以进入居民区寻求帮助。

(2)如果在家附近碰上了尾随者,而且难以摆脱时,不要急于开门,先到熟悉的邻居家呼喊:"爷爷奶奶快开门,我是……有事找您。"

（3）如果上学路上被人跟踪，马上加快脚步，甩掉对方，跑进学校报告老师，并联系父母放学接回家。

（4）为了摆脱跟踪，可以向路边的行人打招呼，问一些无关紧要的问题，这样可以给尾随者心理压力，让他不敢对自己下手。

（5）甩掉尾随者后，要及时打电话报警，将尾随者的长相、高矮、胖瘦、年龄等特征告诉警察，便于他们调查、破案。

日常生活中怎么预防艾滋病？

孩子的烦恼

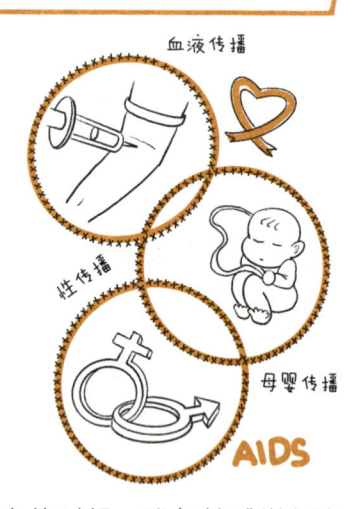

上周学校安排体检，要抽血的时候，我忽然感觉很害怕。因为前两天社区在发预防艾滋病的宣传单，我了解到艾滋病的传播有三种途径。其中一种就是经由血液及血制品传播。我担心针头不干净会感染艾滋病，于是，我问医生能不能不抽血，并且告诉了医生我的担忧。医生听完顿时愣住了，他告诉我不用担心，他们的医疗器具都是经过严格消毒的。虽然最后还是抽了血，但我还是担心，怎样才能远离艾滋病呢？

成长指南

艾滋病是人体免疫系统被 HIV（人体免疫缺陷病毒）所破坏而引起的一种严重传染病。当艾滋病感染者的免疫系统被病毒严重破坏，不能维持基本的抵抗能力时，感染者就发展成了艾滋病人，出现原因不明的长期低热、体重下降、盗汗、慢性腹泻、咳嗽等症状。这时人体容易出现多种难以治愈的感染和肿瘤，最终导致死亡。虽然目前还没有能够治愈艾滋病的药物，但在某种程度上，已经研制出了缓解艾滋病患者症状和延长患者生命的治疗方法。

艾滋病主要通过性接触、血液、母婴 3 种途径传播。

第一，性接触是艾滋病最主要的传播途径，会因男性之间、男女之间的性接触而传播。

第二，共用注射器是经血液传播艾滋病的危险行为，输入或注射被艾滋病病毒传染的血液或血制品就会感染艾滋病。被艾滋病病毒传染，接触未经消毒的注射器、针灸针头或其他被传染的器械，都会有传播艾滋病的风险。

第三，三分之一感染艾滋病病毒的女性，会通过妊娠、分娩和哺乳将艾滋病传染给婴幼儿，大部分感染了艾滋病病毒的婴幼儿会在 3 岁之前死亡。

下面这些行为是不会造成艾滋病病毒传染的。

（1）与艾滋病病人及感染者的日常生活和工作接触不会感染艾滋病。

（2）艾滋病不会经马桶圈、电话机、餐饮具、卧具、游泳池或公共浴池等公共设施传播。

（3）咳嗽和打喷嚏不会传播艾滋病，蚊虫叮咬也不会传播艾滋病。

青少年应该如何预防艾滋病呢？

（1）洁身自爱，避免与HIV感染者、艾滋病患者及高危人群接触。

（2）在输血、注射、使用血液和血制品的时候，必须进行HIV的检测；穿破皮肤的用具要确保经过严格的消毒；禁止共用注射器和针头。

（3）献血的时候做HIV检测。

怎样预防传染性疾病？

孩子的烦恼

近期，学校爆发了流行性腮腺炎，班里好几个同学都被传染了，除了发烧，他们腮部也肿大了。老师让他们都在家好好休息。昨天，我好像有点儿感冒症状，好怕自己被传染啊。我想让妈妈向老师请假不去上学，但是，妈妈说我好好的，不能随便请假。我想说，难道非得严重起来，非得真地确诊了，才能请假吗？如果我早点不去学校，那我被传染上的概率就会少很多啊。可怕的传染病，我该如何避免它呢？

成长指南

青少年，你懂得照顾自己是非常正确的事情，但不要做惊弓之鸟，只要正确了解传染病的基本特点，做好预防工作就可以了。即使得病也不要恐慌，及时治疗、护理得当，很快就会痊愈。

流行性腮腺炎前期症状一般比较轻，主要表现症状为体温中度升高、头痛、肌肉酸痛、腮腺肿大，一般持续7~10天。一旦出现流行性腮炎症的症状，就要及时做到以下6个方面。

（1）隔离。确定自己患上流行性腮腺炎时，要主动与其他人隔离，少去人群密集的地方，保持室内空气流通，充分休息。腮腺消肿之前不要去学校，以免传染给其他同学。

（2）注意饮食。患病期间不要吃辛辣刺激的食物，以免加重病情。由于腮腺肿大，吞咽困难，要吃一些有利于咀嚼消化的流质食物，多喝温开水。

（3）餐具消毒。患病后主动将自己的餐具和家人分开，要注意煮沸消毒，以防传染家人。

（4）对症处理。如果发烧，要及时测量体温，及时找医生对症下药。

（5）养成良好的卫生习惯。早晚刷牙漱口，减少口腔内细菌滋生的概率。

（6）热敷。患病后腮部会疼痛难忍，可以用热毛巾放在腮部进行热敷，缓解疼痛。

青少年，做好预防工作，提高身体的免疫力，多喝水、多运动，传染病就会与你绝缘了。